インド哲学式
悩まない習慣

Indian philosophical style

Habit of not worrying

大塚和彦
Otsuka Kazuhiko

新星出版社

はじめに

「なぜ、悩みは次々とやってくるのだろう」

インド哲学との出会いは、そんな漠然とした疑問から始まりました。いきなり個人的な話になってしまいますが、私の体験談を入口として「インド哲学と悩み」の扉を開いていくことにしましょう。

31歳の時、私は会社を創業しました。知り合いから集めた400万円と前職から引き継いだ数社のクライアント、それが全ての財産でした。若さゆえの思い切りのよさもあったのでしょう、初めから正社員を雇用してのスタートでした。

創業にあたって、ある経営コンサルタントから「会社のビジョン」をつくるようアドバイスを受けました。「こういう形で社会の役に立つ」ということが明確でないと、企業として長続きしにくいというのです。

確かに「どうやって社会の役に立つか」をかためておくことは大切なことですし、経営を長く続ける上での必要条件なのでしょう。

その一方で、創業当時の私には、そんな会社のビジョンどころではない、もっと生々しい感情がありました。

それは、「月末にお金が足りるかな」「来月の売上が稼げるかな」といった恐れや不安です。コントロール不能なジェットコースターに乗って、真っ暗闇に突っ込んでいく

ような、何とも表現し難い感覚でした。前が見えない怖さ、どこに向かうかわからない不安のようなものがずっとつきまとっていたのです。

とはいえ、とにかく売上さえ安定すれば、全てはうまくいく――当時はそう考えて疑いませんでした。

売上が稼げれば、きちんと給料を支払うことができ、成長したスタッフの活躍をテコに会社は大きくなっていく。そうすればすべての不安とは縁が切れるはずだと。少なくとも、経営の本に書かれている理屈ではそうでした。

しかし、数年後、それは絵に描いた餅だとわかりました。

売上が安定すればするで、新たな悩みが生まれてきたのです。「税金を払うのが大変」「取引先が倒産してお金を支払ってくれない」など、今までに経験したことのないような悩みがやってきました。

そして「今より売上が下がるのが怖い」「この仕事がなくなったらどうしよう」といった別の悩みも生まれてきました。自分が気づかない間に生活水準が変わっていて、それが維持できなくなることへの恐れだとわかったのは、しばらく経ってからのことです。

さらに、お金に関すること以外にも、たくさんのトラブルがやってきました。中には、「あちゃー」と頭を抱え、他の誰かに任せて逃げたくなるようなものもありました。

「スタッフの仲が悪くて話もしない」「仕入れ先の方針が変わり、急に取引ができなくなった」「納品したものに欠陥が見つかり、大きな損失が出た」など、その頃はありとあらゆるトラブルが自分にばかりやってきているように感じたものです。

そのうち、**「このまま経営を続けていくということは、ずっとこの悩みのループから逃れられないのか?」**

そんな「問い」が私の中に生まれ始めま

した。

金曜日の夕方になると、「ああ、土日は何も起こらないから安心だ」と安堵の思いがやってきますが、月曜日の朝は、「今週は果たして何が起こるんだろう？」と身構え始める……。

悩みという「見えない敵」は、その姿を現すまで、いついかなる形でやってくるのかわかりません。映画を観ていても、海外に旅行に行っても、友だちと飲みに行っても、ふと気づくと当時の私には悩みがつきまとっていました。

「悩みに対する戦略を知らないビジネスマンは若死にする」※

悩みに関する本の世界的なベストセラー、『道は開ける』の著者である、デール・カーネギーはこう言いました。多くの悩みに向き合うノウハウがまとめられたこの本には、若き日の私も大変助けられたものです。学生時代からこの本は私のバイブル的な存在で、ボロボロになるまで読みふけり、共感し、さまざまなヒントをもらいました。

※『道は開ける』文庫版、創元社、2016、P42

けれども、次第にこれまでとは全く違う思いが心の中を占めるようになってきました。それは、**「一つ一つの悩みを解決していっても、きりがない。それよりも悩みの原因を根本から根絶できないか」**という感覚でした。

インド哲学がこうした「根本的な悩みの解決」に有効だとわかったのは、それから数年経ってからのことです。まさか、インドという遠い国で生まれた古くからの知識が、現代を生きる自分の悩みに役立ち、明確な解決の方向を示してくれるとは思いもしませんでした。

「インド哲学とは何か？」を一言で語ることは難しいですが、ここでは**「自分を縛りつけている『見えない鎖』を明らかにし、それをほどいてくれる知識」**とだけお伝えしておきます。

私たちの悩みには、「自分に対する誤解や勘違い」がひそんでいます。事実ではないものを「事実だ！」と思い込んだり、本当は必要でないものを「必要だ！」と思って追い求めてしまうことから悩みは深まっていきます。

そうしたとらわれは、さながら見えない鎖のようなものです。

それも、私たちを知らないうちに縛り上げ、がんじがらめにして窮屈にし、どんどん不自由に、生きづらくさせていく強力な鎖です。

インド哲学は、そんな鎖の存在に気づかせ、ほどき方までを示してくれる実践的な知識です。いうなれば私たちを、**「生きる上で経験する悩み」から解放してくれる知識**なのです。


悩みに関しては、自己啓発やビジネスの世界でもさまざまな形で論じられていますし、多くの実践的な情報があります。

そんな世界にあえてインド哲学の知識を持ち込むのは、なぜでしょう。


私にとって、**自己啓発やビジネスのノウハウによる悩みの解決方法が「拭き掃除」だとしたら、インド哲学のそれは、「最先端の掃除機で根こそぎ掃除する」**感覚です。

「目先の悩み」をテクニックや技術で解決するというより、**悩みが次々とやっ**

てくるそのメカニズムを、大本から破壊してしまうような最終手段といった感じでしょうか。

数千年という長い歴史の風雪を耐えてきた知識は「本当にすごいなぁ」と、今でも折にふれて感じます。ただ、砂糖や塩の味は実際になめてみないとわからないように、インド哲学の魅力は体験しないとわかりにくいかもしれません。

この本を通じて、みなさんがそんなインド哲学の知識を生活に活かし、少しずつでも悩みを軽くしていくことができるのなら、著者として、とてもうれしく思います。

大塚和彦

Contents

第2章 心とは何か

第3章

悩みをもたらす6つの敵

第4章

カルマの法則

本文デザイン・DTP／上條美来　カバーデザイン／喜來詩織（エントツ）
編集／橘内美佳　イラスト／鈴木あつよ

第1章

悩みとインド哲学

～世界の見え方が一瞬で変わる～

「悩み」や「心」のことを私たちは何もわかっていない

みなさんは「お昼に何を食べようかな」と悩むことはありませんか？
「お寿司を食べたいけど、ちょっと高い」、「ラーメンはおいしそうだけど、カロリーが気になる」、「そばは手軽だけど、すぐお腹が減ってしまいそう」。

こんな風に、私たちの心は葛藤で揺れ動くことがあります。

葛藤とはあれこれと迷う心のことです。どちらを選んだとしても、メリットもデメリットもある時に生まれる感情です。

ただ、いつまでも迷っているわけにはいきません。どこかのタイミングで「今日はこれにする！」と決断しているはずです。でなければ、いつまでたってもお昼にはありつけませんからね。

ところが、決断した後でも心が揺れ動くことがあります。それが、後悔です。「ラーメンにすればよかったな」という「選ばなかった後悔」や、「おそばにしたのは失敗だったなぁ」という「選んでしまった後悔」です。

この本のテーマでもある悩みは、こうした葛藤、決断、後悔から生まれていきます。ここでは「ランチを何にするか」という、ある意味、軽めの悩みでしたが、より深刻な内容だとしても**「あれこれと迷うこと」「一つに決めること」「選択したことを振り返ること」——そこから悩みという苦しさが生まれていく**ことに変わりはありません。

そしてもう一つ、お伝えしたいのは、**こうした苦しさは心で起こる**ということです。「心が揺れる」「心が張り裂けそう」という言葉もあるように、悩みとは心の在り方をめぐる問題だということです。

「そんなの、当たり前でしょう」と思うかもしれませんが、悩みに向き合うにはこうした「当たり前」をきちんと押さえていくことが大切になってきます。

なぜなら、悩みに陥っているということは、私たちの中に混乱が生まれているということだからです。「心についてわかっているつもり」「心について理解しているつもり」、そうした「つもり」がたくさんの誤解や勘違いを生み出している可能性があるからです。

人間だけが持つ力が私たちを苦しめる

そもそもなぜ、私たちにはこういう苦しさがやってくるのでしょう？
それは、人間だけが持つ二つの力があるためです。

一つは、「知性」。
私たちには、考えたり、想像をめぐらせたり、判断する力が与えられています。
もう一つは「自由意志」。
私たちには自分の意志で選ぶことができる力が与えられています。

この二つは、人間に特有の優れた力です。この力を使うことで、欲しいものを手に入れたり、自分を高めていったり、人生を切り開いていくことができます。
しかし、優れた力だからこそ、悩みも生まれてしまいます。
「Ａにするか、Ｂにするか迷う」（葛藤）
「決めたいけど、決められない」（決断）

「他のものにしておけばよかったかな」（後悔）などの迷いは、知性と自由意志が備わっている人間だからこそ、起こるというわけです。

私たちの身近には動物がいますが、彼らはこれらの力を持っていません。そのため、「食べたい」「寝たい」などという欲求と、そこから生まれる条件反射で行動しています。

「動物は悩みがなくていいなあ」と思う人もいるかもしれませんが、正しくは、「悩みがない」のではなく「悩むことができない」のです。

私たちの人生では、かけがえのないものほど、自分に刃を向けてくるという側面があります。大切な友だちや家族、お金や健康もそうですね。それらは多くの喜びをもたらしてくれますが、悩みの種となることも少なくありません。

知性や自由意志も、それらと同様に、人間が持つかけがえのない力だからこそ、悩みをもたらすのです。

世界をめぐる不思議さに理解をもたらすインド哲学

みなさんにはそれぞれ、インド哲学のイメージがあると思います。

「長いインドの歴史の中で育まれた智慧の宝庫」と思う人もいるでしょうし、「瞑想をして考えにひたっている賢者」「生や死など難しいテーマを議論している」といったイメージを持つ人もいるかもしれません。そのため、「テーマが難しくて、理解するのが大変そう」「抽象的な話ばかりで生活には役立たなさそう」と感じる人もいるでしょう。

そもそも、哲学とは何でしょう。哲学は一部の頭がよい人だけの専有物ではありません。**ごく普通に生活している私たちに、「幸せに生きていくための知識」を与えてくれるもの、それが哲学ではないか**と私はとらえています。

哲学研究者の永井玲衣さんはこう表現しています。

> ある哲学者は、哲学することの根源は「驚異と懐疑と喪失の意識」であると言った。ひとは、びっくりしたりつらいことがあったりすると、「なんで？」と自然に問うてしまう。要するに、「は？（驚異）マジで？（懐疑）つら（喪失）」から哲学は始まるのだ。そうなると、わたしたちは、わりと簡単に哲学できるかもしれない。
>
> （永井玲衣『水中の哲学者たち』晶文社、２０２１、Ｐ１３０）

「なぜ？」と疑問に思った時、苦しくて悶々としている時、そして悲しみに打ちひしがれている時、誰しもが哲学の入り口に立っているということです。

・なぜ、私にこんなことが起きるの？
・話を聞いてくれない人とどう接したらいいの？
・過去のつらい思い出をどうしたら忘れられるの？

私たちが「自分だけの問い」を見つけ、その答えを求めようとした時、すでに哲学は始まっているのです。

聖典を使いながら知識を深めていく

インド哲学は、古代インドで花開いた哲学体系で、世界の歴史においてはプラトンやアリストテレスで有名なギリシア哲学と双璧をなすとされています。

この哲学の特徴を一つ挙げるとしたら、**インド聖典に基づいて哲学を深めていくこと**にあるでしょう。頭であれこれ考えるのではなく、『ヴェーダ』や『ウパニシャッド』『バガヴァット・ギーター』などの聖典に示されている知識を通して哲学を行っていくものです。

インド聖典のテーマは多岐にわたりますが、大きく二つにまとめられます。

一つは、**「自分とは何か?」**。**一番身近にいる（ある）けれどよく実態がわからない「私」への理解を深めていく**ことです。

悩みがあるということは、自分の中で何らかの不調和が起きているということです。

そもそも、なぜ、こうした不調和が生まれるのでしょう。それを知るには、「自分とは何か？」を正しく理解しないわけにはいきません。

でないと、勘違いや誤解から「自分とはこういうものだ」と決めつけてしまうからです。その誤りを正さなくては、不調和は解消のしようがありません。


もう一つが、「**世界とは何か？**」です。


私たちの毎日にはたくさんの出会いがあって、さまざまなできごとが起こります。

けれど、「なぜ、この人と知り合ったのか」「なぜ、このようなできごとが起こるのか」といったことまではわかりませんよね。

さらには、「なぜ、この世界に生まれてきたのか」といった疑問に答えを出すこともできません。

こうした「**自分を取り巻く世界をめぐる不思議さ」に理解をもたらしていくのが、インド哲学な**のです。

「自分とは何か？」を理解できれば どんな悩みも解決する

学び始めた頃、インド哲学の先生がこう語ったことが今でも深く心に残っています。

「この世界では、何よりも知識が大切です」

確かに、この世界を生きる上で知識が大切なのはわかります。

学校では、読み、書き、計算を始めとしてたくさんの科目を習いました。その積み重ねがあるお陰で、不自由なく経済活動をしたり、他人とコミュニケーションをとることができたりします。

社会に出てからも、たくさんの知識を学んできました。パソコンの使い方や文章のまとめ方、目上の人に対する言葉遣いにスケジュールの立て方……。こうした知識があることで、スムーズに社会生活を送っていくことができます。

けれど、「『何よりも知識が大切』といえるほどのものなのだろうか？」という疑問がずっと私の中に残っていました。この世には、知識より他にもっと大切なものがあるような気もしていたからです。

ただ、そのうち、あることに気づきました。

「先生が口にする知識という言葉には、私が考えている類の知識ではない、もっと別の意味合いがあるのかもしれない」と。

外側への知識と、内側への知識

私たちが知識という言葉からイメージするものはたくさんあります。

数学の知識、法律の知識、医学の知識……。そんなお堅い（？）知識だけでなく、趣味の世界、おいしいお店、雑学など、知識について挙げだしたらきりがありません。

こうした知識にはある特徴があります。それは何でしょう。

それは、学べば学ぶほど「知らないことがたくさんある」と感じざるを得ないということです。

どんなに知識を満たしても「これで十分」がないという特徴があるのです。

私たちが知識という時、一般的には自分の外側にあるものを指します。ただ、いくら外へ、外へと求めても、一人の人間が全てを理解しつくすことはできません。なぜなら人間には時間にも能力にも限りがありますが、世界には知り尽くせないほどの知識があふれているからです。

一方、**インド哲学でいう知識とは、「自分とは何か?」という知識、つまり「自分の内側」へと向かう知識**です。

そこで語られている知識はさまざまですが、すべては「自分とは何か?」を理解することに向けられます。更にいえば、「自分とは何か?」さえ理解できれば、それ以上、探求するものは存在しないのです。

外へ外へと向かう、一般的な知識
内へ内へと向かう、インド哲学の知識

この両者には大きな違いがあると気づいた時、私は先生の語る知識というものがお

ぼろげながら見えてきた気がしました。

私たちは数多くの知識を身につけていく中で、たくさんの誤解や勘違いを生み出しています。けれど、それらがどのようなものか、自分の力だけで知ることはできません。インド哲学の知識は、そうしたあやまちを少しずつ正していってくれるのです。

自分をわかっていないから
苦しさや悩みが生まれる

「私たちの悩みの原因は、自分をきちんと知らないことにある」

インド聖典ではそう伝えられています。そこでは、「※アヴィッデヤー」（無知）という言葉が使われます。

無知といっても、いろいろな知識（自分の外側にある知識）がないということではありません。自分自身を正しく理解できていない、という意味合いで使われています。

「自分のことは自分が一番よくわかっている」と思うのはごく普通の感覚です。確かに、自分が考えていることは自分にしかわからないし、今、どのような気持ちでいる

※この本では、このようにインド哲学のキーワードをカタカナ表記している箇所があります（以下同）。これらはインド聖典がまとめられているサンスクリットという言葉です。
インド哲学は、こうした言葉も知ることで一層、理解が深まるといわれます。

のかを他人が知ることはできません。

でも、「一番よくわかっている」としたら、なぜ自分の気持ちを自由にコントロールすることができないのでしょう。

「悲しい気分でいるのをやめたい」と思っても、感情は言うことを聞いてくれませんよね。むしろ、「やめたい」と思えば思うほど、悲しみは倍増していったりします。

こうしたネガティブな感情は、時に暴れる馬のように私たちを悩ませます。

なぜ、こういうことが起きるのかがわからない――これは、つまり私たちの中に「無知」があるということです。**悩みはこうした「自分のことがよくわかっていない」ということを土壌にして、私たちの中で育っていく**のです。

自分自身がわからないままでは最大の敵になってしまう

「自分のことがよくわかっていない」ということをもう少し考えてみましょう。

ここに、一本の縄があるとします。何の変哲もないごく普通の縄です。ある人がそれを見て、「蛇だ！」といっておびえ始めました。「飛びかかってこないか不安だ」と恐怖を感じています。それをなだめるとしたら、どんな方法がいいと思いますか？

「大丈夫。襲ってきませんから」と言葉をかけることでしょうか？

「私がどこかに追い払いますね」と動くことでしょうか？

「意外と蛇ってかわいいんですよ」と見方を変えさせることでしょうか？

一番いいのは、**「あれは蛇ではなく、縄ですよ」と事実を伝えること**です。

「蛇」におびえている人に、「なんだ、あれは縄か！」という理解が訪れた時、それは恐れる対象ではなくなります。人によっては、「なんだ、勘違いしていたんだ」と、さっきまでの自分を笑い飛ばすかもしれません。

このように、**知識を手に入れたことで、世界の見え方が一瞬にして変わる**ことがあります。

心はたくさんの間違いや想像を生み出しています。単なる物音に恐れおののいてみたり、しかめっ面をしている友だちを見て「あの人は私のことが嫌いに違いない」と勝手な想像をしてみたり。根拠も事実もないのに、勝手に混乱しています。

そんな心に、悩みが生まれないはずがありません。

自分こそが最高の友であり、最大の敵にもなりうる

有名な『バガヴァッド・ギーター』というインド聖典にこのような1節があります。

自ら自己を高めるべきである。自己を沈めてはならぬ。実に自己こそ自己の友である。自己こそ自己の敵である。

（上村勝彦『バガヴァッド・ギーター』岩波書店、1992、6章5節、P62）

自分のことを、自分以上に親身に考える人はいません。そういう意味では、自分こそが最高の友です。おそらく、ここに異論がある人はほとんどいないでしょう。けれど、悩んでいる時の私たちは、自分こそが自分の敵になっています。自分の中で湧き起こる感情に苦しめられ、責められ、悲しませられているのです。一番の味方にも、自分を悩ませる敵にもなってしまうものと、私たちは24時間３６５日、常に生活を共にしているというわけです。

みなさんの自宅に、突然知らない人がいたとしましょう。それってちょっと怖いですし、居心地よくないですよね。ただ、もしその人が「親戚のおじさん」とか、「娘の同級生のお母さん」などとわかれば、私たちの心は「そうなんだ」と納得をして、そこから不安や恐れは生まれません。

自分自身についても同じです。「自分について、なんだかよくわからない」では不安ですし、いつなんどき自分に刃を向けてくるのか、突然、敵になってしまわないか心配になります。こうした恐れを背景にして、「悩み」と呼ぶものは育っていってしまうのです。

この本では、そんなよくわからない「敵」の姿を明らかにし、打ち克っていくための知識をお伝えしていこうと思います。

悩みとは何なのかを明確にしていく

「そもそも、悩みって何ですか？」

もし、こう質問されたら、みなさんはどう答えるでしょう。

私たちは「悩んでいる状態」についてはよく知っています。苦しんだり、悲しんだり、落ち込んだりした経験は誰にでもあるからです。そこからくる身体の感覚や心の不調の様子を説明するのも、そう難しいことではありません。

けれど、「そもそも、悩みって？」と聞かれると、答えに困ってしまいませんか？

なぜなら、日頃からそういうものの考えをしていないからです。

でも、悩みがどんなものであるかがわからなければ、対処のしようもないですよね。

インド哲学で、悩みとは、「何かと何かが対立をしている状態」（ドンドヴァ）といわれます。

私たちの心で何らかの対立が繰り広げられ、そこから混乱が始まり、ついには苦しさになり、私たちが悩みとよぶものになるというのです。

心の中にはさまざまな対立がある

「転職をしたいけど、今一歩、踏み出す勇気がない」という人を例に、この対立を考えてみましょう。

「転職をしたい」という背景には、何らかの理由があります。「給料が安い」「人間関係がよくない」「休みが取りづらい」「将来に対して不安がある」などが一般的でしょうか。

ただ、すぐに行動に移せる人ばかりではありません。

「新しい転職先がちゃんと見つかるかな」といった不安
「会社に残った人に迷惑をかけるかも」という申し訳なさ
「今より条件が悪くなったらどうしよう」といった恐れ
こうした感情がやってきたりします。ここから、「転職したいけれど、できない」という両者の綱引きが始まるのです。どちらかを選べば、どちらかを妥協するしかありません。やがて、「どうしたらいいの？」という悩みが生まれてきます。

これは**「転職したい」という考えと、それを考えることで生まれた感情とが対立している**といえるでしょう。このように私たちの心は、一枚岩ではないのです。

対立の種類にもさまざまなパターンが

別のケースを見てみましょう。「自分のことだけを考えるなら、すぐにでも引越ししたい。ただ、介護が必要な両親のことも考えると躊躇する」といった場合です。

人間は社会的な生き物ですから、他者との関わりは避けられません。たくさんの関係性と、そこで果たすべき役割を持っています。そのため、「自分だけがよければオッケー」というわけにはいきません。

そこから、**自分のためと他人のためとが対立を始めます。**

「こちらを選べば、もう一方は選べない」という対立の中で混乱が起き、悩みが生まれるのです。

他にも、いろいろな形の対立があります。

1「理想」と「現実」が対立

Aさんは入社以来、営業畑で働いています。元々、企画の仕事をしたかったので、配置換えの希望を会社に出すのですが、なかなかチャンスがやってきません。やりたい仕事をイキイキとやっている同期を見ると、うらやましくて仕方がないAさん。「なぜ、自分ばかりこういう状況なのだろう」と悶々としてしまいます。

これは、「理想」（企画の仕事をしたい）と「現実」（営業の仕事をしている）との対立です。

2「役割」と「役割」が対立

Bさんは今の仕事にやりがいを感じており、もっとバリバリ仕事をしたいと思っています。ただ、夫は子どもと過ごす時間を増やしてほしいようで、「時短勤務にしたら？」などと言ってきます。

ここでは「会社員としての役割」（バリバリ仕事をしたい）と「家庭での役割」（母親とし

て家にいることを求められている）との間に対立が生じています。

一度に両方を満たすことができない時、混乱と悩みが生まれていくのです。

3 「選択肢」と「選択肢」が対立

Cさんの後輩で、お客様とのやりとりに問題のあるスタッフがいます。直属の先輩としてCさんは注意しないといけないのですが、本人は仕事に一生懸命、取り組んでいるようで、やる気を失わせるようなことをしたくありません。

こうした時、「選択肢」の対立が生まれます。Cさんは「注意をする」という選択肢と、「様子を見る」という選択肢とのはざまにいるのです。

どちらにするか決断できないと、混乱と悩みが生まれていきます。

かつて、「わかっちゃいるけど、やめられない」という歌が一世を風靡したことがありました。この有名な歌は人間が二つの対立に迷うさまを見事に表現していますね。

私たちが悩んでいる時、そこには何かと何かの対立が必ず存在しているのです。

日本の神様ですら対立に悩んでいた

悩みに陥ると、「自分だけがこんな状態に陥っているのでは……」と思いがちです。そして、悩みそのものの苦しさもさることながら、そこからやってくる孤立感によって悩みは深められていきます。

日本には古くから伝わる神話や昔話がありますが、それらを読むと対立に苦しんでいるのは人間ばかりではないとわかります。偉大な力を持つとされる神様ですら、心に起きる対立に悩む姿がそこかしこに描かれているのです。

たとえば、スサノオという神様は、父・イザナギから海原（地球）を統治するという役割を与えられます。

しかし、スサノオはその仕事に取り組もうとしません。なぜなら、「亡くなった母・イザナミに会いたい」という思いが強かったからです。そして何年も泣き続け、スサノオは神様の世界から追放されたと神話には描かれています。

この有名な神話も、読み方によっては「役割（やるべきこと＝海原の統治）」と「感情（自分の気持ち＝母に会いたい）」との間で対立が起きていると、とらえることができます。

多くの葛藤に直面していた、戦いの神様

また、九州地方を中心に信仰されていた八幡神という神様がいます。

八幡神は、「戦いの神様」として信仰されてきました。『古事記』などのメジャーな伝承には登場しませんが、源頼朝や武田信玄など歴史に名を遺す武将がこぞって信仰したといわれています。

「〇〇八幡」という神社があれば、多くの場合、この神様をお祀りしている神社のことです。商売繁盛の功徳を持つとされる稲荷神社と並んで全国的に信仰されています。

戦いにおいては、勝者が生まれれば敗者も生まれます。つまりそれは、敗者の側では土地や財産を失う人が大量に生まれるということです。時には、勝敗に関係なく多

くの人の生命も失われてしまいます。

八幡神が戦いの神様としての役割を果たすということは、こうした現実に直面しなければならないということです。戦いの神様ですから、必勝祈願に訪れる人の支えとならなければなりません。ただ、そうすることによって多くの悲しみや苦しみも、また生まれてしまうわけです。

八幡神は、そんな対立の中で葛藤していたとも伝えられています。

心についてよく知らないから悩みが生まれる

神様ですら対立に悩まされるくらいなのですから、私たち人間も「やるべきことはわかっているのに、なかなか動けない」という時があって当たり前です。

「大事なメールを打たないといけないけど、どうしても気分が乗らない」といったような場合、「メールを打たなくては！」と頭ではわかっていますが、「返事を想像すると気が重くなる」とか、「メールをまとめるのが億劫」など、感情的な理由があります。

これも立派な対立です。

私たちの中でこのような対立が起こるのは、心があるからです。心には、たくさんの考えが生まれます。「好き、嫌い」といった感情が生まれたり、「あの人は調子が悪いのかな」などという想像が生まれたり……。こうした心の働きは、他の生物にはない人間特有の優れた働きです。

けれど、P30でも見たように心は自分の味方ばかりしているわけではありません。時には、自分を苦しめる敵になることもあります。例えていうと、将棋における「飛車」や「角行」という持ち駒のようなものです。味方である時はとても強い働きをしますが、ひとたび敵側にとられてしまうと、手ごわい相手に様変わりしてしまいます。

そんな心について、残念ながら私たち自身はよくわかっていません。どこで学ぶこともなく、自分の肌感覚と経験を頼りにしてなんとなくつき合ってきています。一番、身近にありながら、よくわかっていないものが、私たちの心なのです。

第2章

心とは何か

～コントロールし難い存在～

見ることができない心を理解する三つの方法

心は、私たちにとってごく身近にあるものです。みなさんにも大なり小なり、「心ってこういうものだよね」というイメージがあるでしょう。

でも、それが正確な理解であるかどうかはわかりません。誤解や勘違いをしたまま、心とつき合っていて、それらが悩みの原因になっている可能性もあります。

そして、**心は目や耳などの五感でとらえることができません。**見ることも触れることもできない上、一瞬一瞬と変化し続けるので、つかみどころがないのです。どうしたら、心をきちんと理解することができるのでしょう。

インド哲学では、私たちが何かを理解するには三つの方法があることが示されています。その三つとは、「知覚」（プラッティヤクシャ）、「推論」（アヌマーナ）、「聖典の知識」（アーガマ）です。

それぞれの方法で、どのように心を理解できるのかを見ていきましょう。

理解するための方法は三つ

一つ目の理解の方法は、知覚です。五感（視覚、聴覚、嗅覚、味覚、触覚）を通じて、物事を理解していきます。本を（目を使って）読む、人の話を（耳を使って）聞く、目の前の食べ物が何かを（鼻を使って）かぐなど、私たちが日常的に使っている方法ですね。

ところが、五感を通じて知覚できる対象物は限られています。私たちの耳は、高過ぎたり、低過ぎたりする周波数の音をとらえることができませんし、太陽の光である紫外線も目で見ることはできません。

この世界には「五感では知覚できないもの」がたくさんあります。心も、見たり触ったりすることができないため、五感では正確に理解することができないのです。

二つ目は、推測です。人間に特有の「考える力」を使って理解する方法です。

たとえば、目の前にある家の窓から煙が出ているのを見たとしましょう。そこからいろいろと考えをめぐらすことができますね。「魚を焼いているのかな？」とか、「もしかして火事じゃないかしら？」という具合です。

　これが推測による理解の方法です。ただ、この方法でも心を正しくとらえることはできません。

　なぜなら、**五感で知覚できないものは事実に基づいた推測ができない**からです。

　私たちは、たとえ五感でとらえることができないものでも、想像することは可能です。「時速100キロで走る亀」や「ピンク色の象」など、実際には見ることができないものを、思い浮かべることはできるで

しょう。

でも、そこには実態がありません。それぞれが思い思いに想像しているだけです。心についても同じことできちんとした知覚に基づいていないと、きちんと推測することはできないのです。

そして**三つ目が、インド聖典の知識**です。具体的には、『**ウパニシャッド**』や『**バガヴァッド・ギーター**』などの聖典を通して理解していく方法です。

私たちが、自分の顔を見るには、鏡やカメラといった道具を頼りにしないといけませんよね。また、爪の先ほどの小さな世界を知るには、顕微鏡などの道具を使う必要があります。

五感による知覚でも、推測でもうかがい知ることができなかった、「心はどのようなものなのか」という疑問を理解するための道具となるのが、古くから伝えられている、こうした聖典の知識なのです。

これらは千年単位の時間で、大切に受け継がれてきた知識の宝庫です。聖典が現在まで残っているということは、「自分や世界を理解するための道具」として、多くの人にとってよほど有益だったという何よりの証でしょう。

盲目的に信じることと哲学することは違う

とはいっても、聖典の知識をただやみくもに信じることがよいのではありません。それはどこか盲目的であり、ある種の信仰的、宗教的なものになりかねません。

哲学とは、知性と自由意志（P18）の力を使って、理性的に考えていくことです。そして、深い納得を伴う理解まで落とし込んでいくことです。

私たちは「2×2が4だと信じている」とは言いませんね。なぜなら、それを理解しているからで、そこに疑いがないからです。

インド哲学で示された知識も同様です。信じるものではなく理解する対象であるということを知っておいてください。

感情、理性、記憶など、さまざまな心が同居している

ここからは心について、考えていきます。

まず、軽く目を閉じて自分の心を観察してみてください。そこには「いくつもの心」があることに気づきませんか？

「歯医者の予約をしないと」という計画したがる心、

「なぜ、あんな選択をしてしまったんだろう」という後悔する心や、

「ひどいことを言われた」という怒りの心。

それは、まるで夕暮れ時の空にオレンジやピンク、グレーやブルーなど、たくさんの色が見てとれるかのようです。**心は特定の一色に染められているわけではありません。**心模様という言葉もあるように、**さまざまな心が共存して成り立っています。**

インド哲学では、そんな心のありようを四つに分類して考えていきます。分けることで、漠然としかとらえられなかった心に新しい見方がもたらされるのです。

私たちの中で働く四つの心

一つ目の心は、「感情的な心」です。

感情とは、「快（スカ）を与えてくれるもの」を追いかけ、「不快（ドゥッカ）をもたらすもの」を避けたがる心です。

私たちは、視覚・嗅覚・味覚・聴覚・触覚を通して世界をとらえます。そして、五感から入力された情報が心に届けられると、「快」と「不快」という二つの心の反応が生まれます。

この心を総称して、インド哲学では「マナス」（感情的な心）といいます。

快、不快という反応は、人によってさまざまです。犬を見て「すぐ逃げ出したい！」と嫌がる反応（不快）をする人もいれば、「あら、なんてかわいい」となでたがる（快）人もいます。こうした「快」と「不快」で世界をとらえるのが、この「感情的な心」の働きです。

二つ目の心は、「理性的な心」です。

理性とは、「知る」「判断する」などといった、人間に備わっている知的で冷静な心

のことです。これをインド哲学では「ブッディ」（理性的な心）と言います。

友だちにプレゼントを選ぶ時、迷うことってありますよね。「コスメもいいし、チョコも大好物だったな。あ、マグカップもいいかも」という具合です。

こうした時は、私たちの「理性的な心」が働いています。「何をプレゼントすれば喜ぶのか？」を知ろうと、たくさんの情報を集めてきて、いくつもの可能性を検討し始めるのです。

「コスメもいいけど、好みが変わったかも」

「チョコレートもいいけど、ダイエットを始めたと言っていたような気がする」

「マグカップは間違いないけど、かさ張るからな」

という具合です。

そして、選択肢の中から「これ！」と判断するのも、ブッディの働きです。この「理性的な心」の働きがあるからこそ、私たちは「感情的な心」に流されずにいることができるのです。

そして、三つ目は「**自分という心**」です。

「**自分の**」「**自分が**」**といった、**「**自分**」**に激しくこだわる心**のことです。インド哲学では「アハンカーラ」（自分という心）と言います。「これが自分の考え方」「あれは自分が手がけたこと」など、「自分という心」の働きが過剰になってくると、それに伴って「感情的な心」も高まってくるとされます。つまり、「快と不快」とが、どんどん生まれてくるということですね。

その結果、「他人の考え方」を受け入れられなかったり、「他人が手がけたこと」に思いをはせることができなくなったりします。それは、この世界でたくさんの対立を生む種を蒔いてしまうということです。

もちろん、この心があることで社会生活を送ることができる側面もあります。大切なのは、ほどほどに、適切に、「自分という心」を持つことです。

四つ目は**「記憶という心」**です。**何かを覚えている、何かを記憶しているという心**のことです。

友だちの名前がわかるのも、自宅の場所がわかるのも、この心からたくさんの情報を引き出しているからです。この心のことを「チッタ」（記憶という心）と言います。

これら四つが重なりあって、私たちの心は形作られているのです。

心の4つの分類

インド哲学では伝統的に心を分類してとらえる。代表的なものが4つに分ける方法で、細かく分けることにより、心の実態をはっきりと観察し、理解できるようになる。

1
感情的な心（マナス）

「快を与えてくれるもの」を追いかけ、「不快をもたらすもの」を避けたがる心。「快」と「不快」とで世界をとらえる心。

2
理性的な心（ブッディ）

「知る」「判断する」などの知的で冷静な心。「感情的な心」を制御し、コントロールする心。

3
「自分」という心（アンハカーラ）

「自分の」や「自分が」といった「自分」に激しくこだわる心。「感情的な心」を生み出す原因となる心。

4
記憶という心（チッタ）

何かを覚えている、何かを記憶しているという心。たくさんの情報や知識が蓄積されていて、必要に応じて引き出される。

暴れ出すと、心は
コントロールできなくなる

ここでは「心」について、インド哲学に伝わる、たとえ話を使って説明しましょう。**「人間は四頭の馬に引かれた馬車のようなものである」**という話です。

私たちは、五感を使って対象物をとらえます。目で見たり、耳で聞いたり、鼻でかいだりして対象物の情報を得ています。この話では、これら五感が四頭の馬（＋馬車の車体）としてたとえられているのです。

ポイントとなるのは、心はいきなり動くことはないという点です。どんな時も、最初に馬（五感）が動き始め、次に心が動き始めます。

五感から得られた情報は、手綱を伝って御者へと届けられます。この手綱は「感情的な心」のたとえです。対象物からもたらされる、「快」「不快」の情報がこの手綱を通して御者へと伝えられます。「うれしい」「楽しい」「悲しい」「頭にくる」など、この手綱は快と不快との間で、常に揺れ動いています。

御者は「理性的な心」のたとえです。手綱（感情的な心）からもたらされるたくさんの情報を、冷静に見極めていきます。「理性的な心」がしっかりと働いていれば、馬車（身体）は目的地にきちんと進んでいくことができます。

次のポイントが、**「五感は馬のように暴れることがある」「暴れ出すと、なかなか止まらない」**という点です。

目の前に好物のにんじんをぶら下げられた馬は、一目散に追いかけていきますよね。私たちの五感も同じで、手に入れ

人間は４頭の馬に引かれた馬車

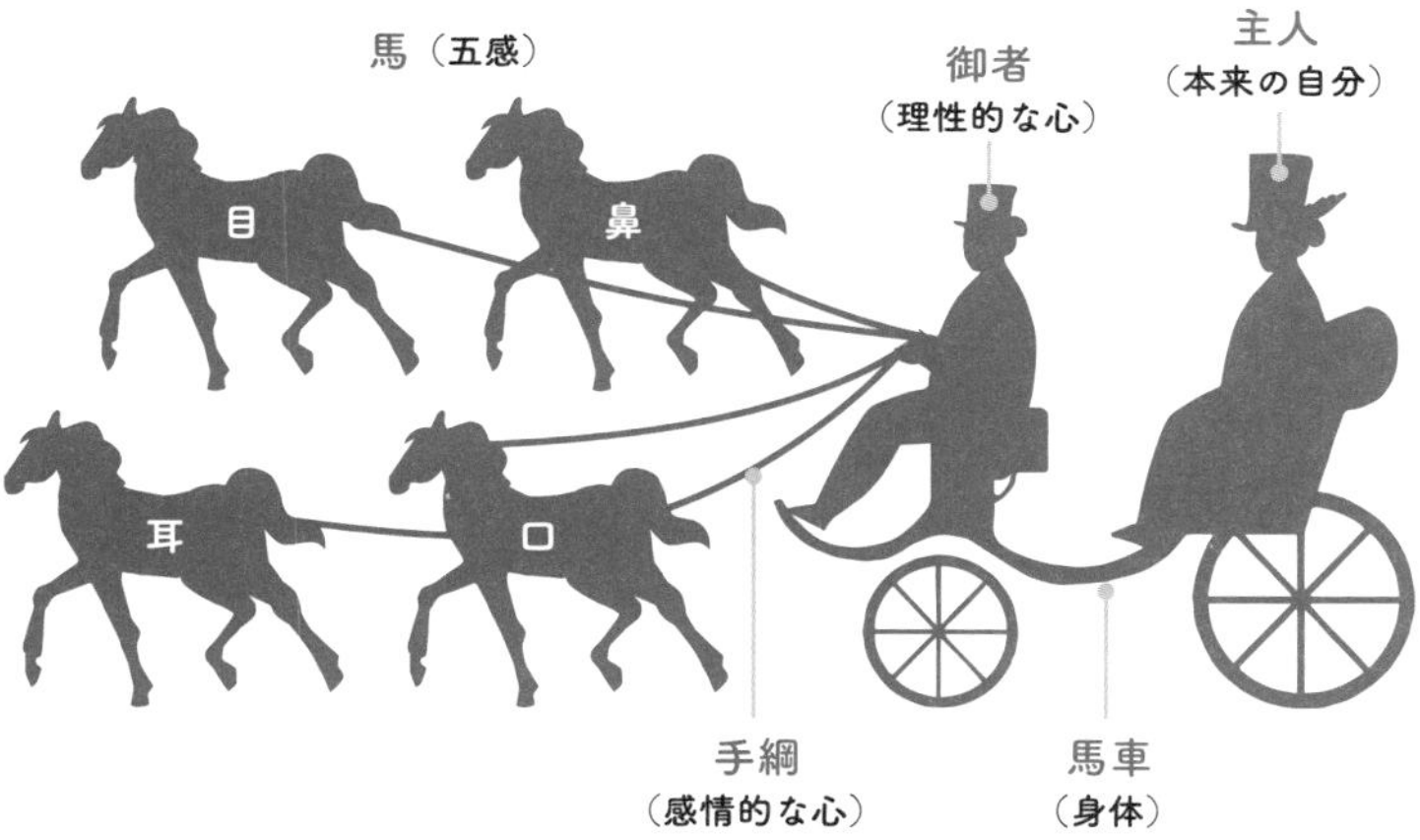

たいもの、喜びをもたらすものを追いかけてやみません。それは、「理性的な心」がブレーキを利かせない限り続きます。

ホテルの朝食バイキングを例にとると、お腹がいっぱいなのにもかかわらず食べ過ぎてしまうことがありますよね。それは、五感（四頭の馬）が対象物（バイキングの料理）を目指して歯止めが利かなくなっているからです。

御者（理性的な心）が、馬（五感）の暴れっぷりに、手綱（感情的な心）を扱いあぐねているという状態です。

「目の前にこんなにたくさん、大好物が並んでいるんだもの」「あとちょっとくらい大丈夫だよね」などという心のつぶやきは、「理性的な心」が「感情的な心」を制御できていない、つまり、馬が暴れるのを御者がコントロールできていない馬車のようになっていることの表れです。

逆に、バイキングの料理に舌鼓を打っている最中に、「これ以上食べると、健康によくない」とか「ダイエットしているんだから、そろそろやめないと」というような思考が出てきたら、それは御者である「理性的な心」が働き、うまく手綱さばきができているという状態です。

よくわからなければ
コントロールは難しい

悩みに陥らないようにするには、「感情的な心」を「理性的な心」が上手にコントロールすることが大切だとわかってきたでしょうか。そのために、「感情とは何か?」を詳しく理解していく必要があります。なぜなら私たちは、**よくわからないものをコントロールすることはできない**からです。

「感情的な心」についても、「時折、激しい怒りが生まれるが、頭に来るようなできごとが起こるせいだ」「つい人に嫉妬してしまうが、人間ってそういうものだ」などというあやふやな理解では、感情をめぐるトラブルが次々と現れてきても仕方ありません。

怒りには、怒りが生まれる原因があります。嫉妬にも、嫉妬が生まれる理由があります。それらをきちんと理解することが、「感情的な心」をコントロールするために大切なのです。

「感情的な心」の持つ特性を知る

そこで、次に「感情的な心」のポイントを二つお伝えしましょう。

一つ目は、**「感情的な心」には、たくさんの種類があるわけではない**ということです。みなさんは、「悲しい」「うれしい」「楽しい」「幸せ」「苦しい」「切ない」など、さまざまな種類の感情があると思っていませんか？　悩んでいる時はなおさらです。言葉では表しにくい、たくさんのネガティブな感情に翻弄されてしまって、そこから抜けられないような気分になります。

ところが、いろいろ入り混じっているように感じる感情も、基本となる働きは、次の二つしかありません。

1　スカ（快）

「うれしい」「楽しい」など、喜びや心地よさを与えてくれるものを追いかけたがる。

2　ドゥッカ（不快）

「寂しい」「切ない」など、苦しさや悲しさをもたらすものから距離を置きたがる。

どんなに悩んでいたとしても、実際のところはこの「快」「不快」の間で揺れ動いているだけなのです。


二つ目は、**「感情的な心」はどんどんエスカレートしていく**ということです。

これはおそらく、みなさんの肌感覚とも合致するのではないでしょうか。言い争いをしているうちに怒りが次第にエスカレートしてくるというのは、よくあることですよね。


「あ、なんとなく好みだな」と思った芸能人Ａさんがいるとしましょう。これは、自分にとって喜びをもたらすものを求めたがる、ごく自然な「感情的な心」の働きです。

最初はＹｏｕＴｕｂｅをチェックしたり、音楽をダウンロードして聴いているくらいだったのが、次第にＡさんへの思いが高じてきます。「もっと、もっと」と見えない何かに突き動かされていくような感覚です。

そのうち、「ライブに行きたい」「ファンクラブに入りたい」と、どんどん次の快（スカ）を求めていくようになるのも、めずらしくはありません。なぜなら、「感情的な心」はエスカレートしていく性質があるからです。一つの「好き」は、次の「好き」が生まれるきっかけになります。「もっと喜びを感じたい」「もっと近づきたい」という形で動き始めた「感情的な心」は、「理性的な心」が歯止めをかけない限り、際限なく働いてしまうのです。

ただ、それが度を越していって「Ａさんを応援するために私生活を犠牲にする」や「Ａさんを応援する他のファンを敵対視する」などとなってしまうと、「理性的な心」がコントロールすることはなかなか困難です。

それは、ロデオのように暴れ狂う馬を御者が制御できないのと一緒です。

「なんとなく好き」という状態であれば、「理性的な心」が「感情的な心」を制御することはそう難しくはありません。ただ、激しく執着するようになってくると、それは著しく困難になってしまいます。

こんな風に「感情的な心」には、段階があります。激しく高ぶってしまった「感情的な心」の前には、理性的な心はなすすべもなくなってしまうのです。

まるで子どもと親？「感情的な心」と「理性的な心」

子どもが「スマホを欲しい」と言ってきたとしましょう。

スマホがあれば外出先でも親子で連絡しやすくなりますが、反面、ＳＮＳによるいじめやゲームの課金など、親としては心配な側面も多く、「今はまだ早い、もう少し見送ろう」と考えているシーンを想像してみてください。

ここで起きているのは、親と子の意見の対立です。「スマホを買いたい」という子どものリクエストを、「今はまだ早い」と親が却下しているわけです。

こうしたことは、「感情的な心」と「理性的な心」との間でも起きます。

「感情的な心」は、快を与えてくれるものを追いかけ、不快をもたらすものを避けるため、「あれが好き、これが嫌い」と忙しく動き、そこから行動を起こそうとします。

「おいしそうだからあれを食べたい」「あの人はいじわるだから距離を置きたい」という具合です。

「感情的な心」は、自由で気ままな子どものようです。「快」「不快」を遠慮なく主張し、それを実現させようさせようと働きかけます。

一方の「理性的な心」は、冷静沈着な大人のようです。「感情的な心」から集められたたくさんの情報を、「これはオッケー」「これは無理」と判断していく、冷静で知的な心の働きです。

なので本来なら、「感情的な心」は「理性的な心」の許可がないと、何一つ行動に移すことはできません。

「感情的な心」と「理性的な心」の立場が逆転することも

ところが、時に「感情的な心」が「理性的な心」に変わって主導権を握ってしまうことがあります。あまりにも「感情的な心」の動きが激し過ぎて、「理性的な心」が抑えられない場合です。

たとえばそれは、「どうしてもスマホが欲しい」と子どもがダダをこね、親がどうすることもできなくなっているような状態です。

本来なら、親は子どもからのリクエストを冷静に判断する立場です。けれど、「スマホを買ってくれないなら塾に行かない」「ママが買ってくれないなら、おじいちゃんにお願いする」などと言われると、「今回ばかりは仕方がないか」と目をつむるようなこともなくはないでしょう。

心の中でも、この手のことが起きるということです。**「感情的な心」があまりにも暴走してしまうと、「理性的な心」は「今回ばかりは目をつむろう」と、自分の役割を放棄してしまう**のです。

ダイエット中に「明日からやればいいか」と思う時ってありますよね。これも「感情的な心」（食べたい、飲みたい）からのプレッシャーが激しく、「理性的な心」（冷静に判断する心）が役割を放棄してしまっている状態です。

「人間は四頭の馬に引かれた馬車」というたとえ話で言うと、やる気を失った御者が操る馬車のようなもの。どこに向かって走っていくか、もはや誰にもわかりません。

私たちが悩みにある時、「感情的な心」が主導権をにぎってしまい、「ブレーキの効かない馬車」のようになっているということなのです。

禁じられるほど
やりたくなる心

禁じられると余計にやりたくなる、人にはそんなやっかいな性質があります。

日本に伝わる神話や昔話には、そんなシーンがたびたび描かれています。

古の伝承『古事記』には、国づくりをしたイザナギ&イザナミという夫婦の神様が登場します。妻・イザナミは出産に伴う不慮の事故でお亡くなりになり、黄泉の国（亡くなった存在の世界）へ行きます。

妻への思いが断ち切れない夫・イザナギは、妻を追いかけて黄泉の国へと向かい、御殿の内側にいるイザナミと再会して、「帰ってきて一緒に国づくりをしよう」と懇願します。

これに対し、イザナミはこう返答します。

「黄泉の国の神様と相談をするので、その間は**決してこちら**

を見ないでください」と。

ところが、イザナギはその言葉に反してつい見てしまうわけです。そこには、変わり果てたイザナミの姿があったと描かれています。

昔話『鶴の恩返し』も似たような展開です。

ワナにかかった鶴を助けた老夫婦の元に、大雪の夜、道に迷った一人の娘がやってきます。不憫に思った夫婦が娘を家に招き入れ、しばらく一緒に暮らします。そうして「何か恩返しを」と、娘が織った布は見事なできばえ。高い値段で売れました。

娘は「布を織る時は**絶対に中をのぞかないでください**」と言いましたが、「どうやってあんなすばらしい織物を作るのだろう?」と好奇心に負け、老夫婦はついにのぞいてしまいます。

これらは、**「感情的な心」をコントロールすることの難しさ**を伝えていると受け取ることもできます。

今の私たちも「会議中はスマホを見るな」「勉強中はゲームをするな」と言われると逆に気になってしまいますよね。インド哲学に限らず、古くから伝わる人間の知恵は、時代が変わっても有益なのでしょう。

このように、私たちは常に「感情的な心」というコントロールが難しいものと生活を共にしています。この心があるお陰で、生きる喜びを感じることができる反面、「快、不快」へと激しく動き出してしまうと、「こっちに動け」と言っても動かず、「静かにしろ」と言っても静まりません。そして暴れ始めた心が「理性的な心」を打ち負かすと、もはや心の制御は利かなくなってしまうのです。

P32で、悩みとは「何かと何かが対立している状態」とお伝えしましたが、その対立は、心という場所でも常に起きています。**悩んでいる時、私たちの心では「感情的な心」と「理性的な心」とが対立をし、「感情的な心」が暴走して主導権を握っているという状態**なのです。

インド哲学が自分を縛りつける鎖をほどいていく

この章では心について、いろいろとお伝えしてきましたが、果たしてこうした知識が悩みの解決に本当に役立つのかと思うかもしれませんね。

もちろん、役に立ちます。

インド哲学が伝えるのは、「自分を縛りつけている見えない鎖を明らかにし、それをほどいてくれる知識」です。実生活で何の役にも立たない机上の空論を、うんうん言いながら考えているのではありません。

悩みは、私たちの中にある「自分のことがよくわからない」状態をエサに、増殖していくと言ってもいいでしょう。そこから、たくさんの自分に対する誤解や自分に対する勘違いを生み出し、見えない鎖は自分を縛り上げていきます。

ただ、そんなループから、自力で抜け出すのは簡単ではありません。

「客観的に自分を見る」と口で言うのはたやすいですが、実際には容易なことではないのです。なぜなら観察する対象が「自分自身」のことだからです。

「悩みとは何か？」「心とは何か？」をひとつひとつ理解していくことは、**これまで漠然としかとらえていなかったものを、高い解像度で見ようとしていくプロセス**です。それは、「自分自身への誤解や勘違い」をほどいていくことにもつながります。

五感や心の主導権を握るには

さて、ここまでにお伝えしてきたことを一度、整理してみましょう。

①五感と心は違う

五感は世界を知るための道具であり、心は、その五感から得られた情報が送られる場所である。五感と心の役割は違うが、悩んでいると両者を混乱しがちである。

②心はいきなり動かない

心は条件反射で動いているような気がするが、実は五感が対象物をとらえることから、心は動く。ただ、悩んでいるとその事実には気づきにくい。

③心は対立することがある

心には、「感情的な心」と「理性的な心」があり、これらは対立することがある。しかし、心で何が起きているのかわからなくなると、不安で落ち着かなくなり、そこから悩みは深まっていく。

④「感情的な心」が優位になることがある

「理性的な心」が「感情的な心」をコントロールできるのが理想。ただ、感情は次々と育っていく性質があり、時と場合によっては「感情的な心」が優位に立つことがある。それが私たちが悩みにおちいった時の姿である。

これらのことを知ることで、私たちは五感や心の主導権を握ることができるようになっていきます。

また、「相手の言葉が頭にきて、言わなくてもいいことを言ってしまった」ということってありますよね。これは相手の言葉に「リアクション」（ｒｅａｃｔｉｏｎ）してしまったということです。「感情的な心」が高ぶってしまい、つい条件反射的に反応してしまったのです。

ところが、先ほどもお伝えしたように、五感と心は違います。また、心はいきなり動きません。

相手の言葉を五感（耳）がとらえてから、はじめて心は動き出します。そしてそこで生まれた心の働きによって、何かしらの行動が引き起こされます。

なので、本来なら五感、心、行動の間には「理性的な心」が働くだけのスペース（余裕）が残されています。けれど「感情的な心」に染まってしまった心には、その余裕がなくなってしまうのです。

こんな風に自分の中で起きていることに理解が生まれると、「感情的な心」を冷静に見ることができるようになります。それがレスポンス（ｒｅｓｐｏｎｓｅ）できるようになっていくということです。レスポンスという言葉の本来の意味は、「責任（ｒｅｓｐｏｎｓｉｂｉｌｉｔｙ）」だそうです。そこには、五感からもたらされた情報をきちんと見極め、その場で適切な行動をとるのは自分の責任なのだ、といった意味合いも感じ取ることができるでしょう。

第3章

悩みをもたらす
6つの敵

～敵の正体を見極める～

誰もが「幸せになりたい」そこから感情が生まれる

私たちを悩ませるのは、実は心そのものというより、心という場所で展開しているさまざまな感情です。

悩んでいると、「苦しい」「寂しい」「頭にくる」「不安だ」といったネガティブな思いが次々とやってきます。これらはどれも「感情的な心」（P48）です。

なぜ、こうした心の働きが生まれるのでしょうか。それは、誰しもが共通して持っている、**「幸せになりたい」という二つの根本的な意志である、**

「欲求を満たしたい」（カーマ）

「安全な状態でいたい」（アルタ）

があるためです。

ここから全ての「感情的な心」の働きが生まれてくるとされています。

たとえば、人はいろいろな経験をしたいですよね。興味のあることを学んだり、他人とつき合ったり、新しい場所に出かけたり。それは、これらを経験することで、「知る喜び」や「人と交流する喜び」を感じるからです。

つまり、これらの経験を通して「欲求を満たしている（＝幸せ）」という感覚を得ているということです。

また、多くの人はお金をたくさん欲しがります。なぜなら、お金で手に入れられる喜びや安全があるからです。「安心な環境で暮らせる」「老後の不安がなくなる」など、お金の持つ価値を使うことでこれらを手に入れることができます。これらも、「安全な状態にいる（＝幸せ）」という実感をもたらします。

ただ、私たちの「感情的な心」は、つい過剰になりがちです。「お腹がいっぱいなのに食べ過ぎてしまった」「疲れているのに、夜通し遊びまくってしまった」という経験は誰にもあることでしょう。

こんな風に「もっと、もっと」と求めて歯止めがかからないと、それはより激しい感情に生まれ変わっていきます。それが、「欲望」（カーマ）と呼ばれるものです。

「インド哲学は欲望を否定するんですよね？」とたびたび聞かれるのですが、そんなことはありません。インド哲学は無理な我慢を強いたり、やみくもに苦行を強いたりはしません。むしろ、人間の身体を持っているからこそ満たされる喜びもたくさんあるとしています。

芸術家が「いい作品を生み出したい」と創作に打ち込む時、数学者が「この問題を解明したい」と思う時、そこには「もっともっと」という欲望に近い感情がからんでいるものです。何らかの欲望があるからこそ、ここまで社会は発展を遂げてきたという側面もあります。

しかし、この欲望は私たちの悩みの原因にもなってきます。なぜなら、**欲望は満たされる時もあれば、満たされない時もあるからです**。そこから、「満たしたいけれど、満たせない」という対立（P32）が起き、悩みが生まれていくわけです。

そして、欲望をきっかけとして他のネガティブな感情も生まれていきます。つまり、欲望ときちんとしたつき合い方ができないと、そこからたくさんの対立が生じかねないということです。そして悩みの種を、蒔き続けてしまうことになるのです。

悩みをもたらす欲望と五つの感情

インド哲学では、私たちを**悩みへと駆り立てる感情が全部で六つある**と言われています。前ページまでお伝えした欲望と、ここからお伝えする「五つの感情」。これらは、インド哲学で「**六つの敵**」とも表現され、私たちが悩んでいる時、これらのネガティブな感情が心で忙しく動いているのです。

これから、それを一つずつ見ていきましょう。

1　怒り（クローダ）

自分の思い通りにならない時に起きる感情です。

私たちがよく知っている感情の働きの一つですね。「子どもが言うことを聞かない」「仕事が予定通りに進まない」というような、こうありたいのにそうならない時に生まれる、どこか動物的で激しい感情です。

この感情が向かう先には、対象が二つあります。

一つは、自分の外側に対してです。**怒りの矛先が、他人やできごとといった自分の外にあるものへ向かいます**。「理不尽に上司に怒られた」、「友だちに約束をドタキャンされた」という具合です。

もう一つは、自分の内側に対してです。「自分はなんてダメなんだろう」「自分が腹立たしい」という具合に、**怒りを自分自身にぶつけていく**ケースです。特に失敗や後悔したりすると、このパターンにはまりやすくなります。

いずれの場合も興奮と激しさを伴います。そのため、この感情が一度

生まれると、すぐに解消することはありません。

この他、怒りのパターンとしてありがちなのが「初めは他人（自分の外側）に対して怒っていたが、次第に自分（自分の内側）に怒りが向いてきた」という場合です。いつまでも怒り続けている自分やなかなか怒りを収められない自分に対し、怒りのほこ先が向けられてくるのです。

怒りの対象が自分の外側→自分の内側へと変化しながら、どんどん激しさを増している状態といえるでしょう。

2　貪欲（ローバ）

二つ目は貪欲です。**欲望がより激しくなった状態で、対象物を飽くことなく求めたがる感情**です。

貪欲の対象となるのは、動物が生きる上での基本的な欲求である食べ物や性欲をはじめ、お金、名誉、評価、経験、地位など、人間特有のものも含まれます。

貪欲には二タイプあります。

一つは、**すでに手に入れているのに、さらに求めたがる**場合です。対象物を手に入れたことに満足できず、次々と求めたがります。

ＳＮＳで「いいね！」をもらうのは、多くの人にとってうれしいものでしょう。なぜなら他人からの評価が得られていると感じられるからです。

ただ、すでにたくさんの「いいね」がついているにも関わらず、「もっともっと」と一層の評価を求め始めると、「感情的な心」は落ち着かなくなってきます。そこで**は貪欲が働き始め、私たちの内側から激しく働きかけてくる**からです。

もう一つは、**手に入れていないために、いつまでも求めたがる**場合です。

「最新の洋服」「魅力的なパートナー」「やりがいのある仕事」など、「まだ手に入れていないもの」「もう少しで手に入りそうなもの」があればあるだけ、貪欲という感情は生まれてきます。

ただ、いずれの形でも**「これで満足」ということがありません**。そして「自分の思い通りになっていない」という状態がずっと続くため、貪欲は怒り（Ｐ73）を招くことにもつながります。

3　執着（モーハ）

心が対象物にとらわれ、そこから離れられない感情です。

「絶対、手に入れたい」「絶対、思い通りにしたい」という思いで頭がいっぱいになり、貪欲がさらに激しくなった状態といってよいでしょう。

この感情が生まれてくると、心の中に「理性的な心」が働く場所がなくなります。心に余裕がなく、他人の意見を聞く冷静さや、客観的に自分を見つめる余裕がなくなるのです。

「感情的な心」が暴走し出し、コントロール不能な状態です。

執着が強くなると、貪欲、さらには怒りも勢いを増していきます。

執着が満たされないと、「もっともっと」と貪欲に追いかけたがる感情が出てきます。それでも満たされないと、「ふざけるな！」という怒りまでもがやってくるのです。

現代社会において、目標に向けてがんばることは美徳であり、当たり前のことととらえられています。それは確かに尊いことかもしれません。

ただ、目標に向かってがんばり過ぎると、それが執着の対象になり、私たちの心は穏やかではいられません。そこには、貪欲や怒りの種が育つ土壌が生まれているからです。他人の考えを受け入れる余裕さえもなくなっています。

こうした**「当たり前」と社会に受け入れられていることを冷静に考えるための視点を、インド哲学は与えてくれます。**

社会での役割を果たしながら、人間としてバランスの取れた在り方はどのようなものなのか、それを考えるためのヒントが、インド哲学にはそこかしこにあると私は感じています。

4　傲慢（マダ）

おごり高ぶって他人をあなどり、見下す感情のことです。自分は他人よりも優れていると考え、周囲に対して上から目線で振る舞いたがる感情、いわゆる「マウントを取る」というニュアンスでしょうか。

この感情が出てくると「人の意見を聞かなくなる」「自分だけが絶対だと考える」などの行動が現れ、対人関係に亀裂が入り始めます。

けれど、この感情でいっぱいになっている心には、「自分が悪い」という振り返りは生まれません。そして、そんな無反省さが余計に他人からの怒りを買ったりします。

怒りのような激しい感情は、自分で簡単に気づくことができます。なぜなら私たちの中に高ぶった感情の動きがあることを生々しく感じられるからです。

けれども、傲慢は、なかなか自分で気づくことができません。もし、「あなたは傲慢だ」などと言われようものなら、ほとんどの人が反発するでしょう。私たちには「自分という心」があり、「自分の考え方」や「自分の価値観」が正しいものだと疑っていないからです。

傲慢は、私たちの中にいつの間にか芽生えています。それは、知らない間に他人との分断を進めてしまう、恐ろしい感情でもあるのです。

5　嫉妬（マーチャリヤ）

他人をうらやみ、ねたむ感情です。「あの人は私より優れている」「あの人は私より恵まれている」など、自分と他人を比較し、そこから生まれてくるネガティブな感情です。

嫉妬は、**同じような境遇にある人に対して起こりやすい感情**ともいわれます。同じような仕事、同じような生活、同じような収入など、身近な関係性の中で生まれやすい感情で、ギリシア哲学の賢人・アリストテレスは「陶芸家は、陶芸家をねたむ」という言葉で的確に表現しています。

傲慢は、自分を他人よりも高いところに位置づける感情でしたが、嫉妬は自分を他人より低く位置づける感情です。どこかに「相手の方が優れている、相手の方が恵まれている」と感じる意識があります。

そのため、「言いたいけれど、言えない」という意識が生まれ、陰口などのネガティブな行動を誘発する原因にもなりえます。また、「自分なんてダメなんだ」と自己嫌悪へと向かっていくこともあります。

悩んでいる時はいくつもの感情が駆けめぐっている

このように六つの敵は、悩みの渦中にある私たちの心を自由自在に駆けめぐります。一つ、具体的な例を挙げてみましょう。

「同じ仕事をしているにも関わらず、自分よりも上司に目をかけられている同僚Aさんがいる」――そんなシーンを想像してみてください。そこにどのようなネガティブな感情を見ることができるでしょうか。

まず、わかりやすいのは嫉妬です。「自分も上司に評価してもらいたいのに、そうなっていない……」という思いがこじれ、Aさんに対してうらやましさを感じます。ところが、嫉妬だけでは終わりません。一つのネガティブな感情は、次のネガティブな感情の引き金になっていくからです。

嫉妬は、「自分の思い通りになっていない状態」とも言えます。それは怒りという感情の基本形です。怒りは、自分の外側や内側へ具体的な攻撃を促していく激しい感情でしたね。そのため、この感情に引っぱられてAさんをおとしめようと陰口を言ったり、あることないことを吹聴するケースも出てくるかもしれません。

また、**怒りがエスカレートしてくると、執着が生まれること**もめずらしくありません。「上司の評価を独り占めするなん

て、絶対に許せない」と、心がとらわれ、そのことから離れられなくなってしまう状態です。

さらには、「きちんと評価をしない上司」へと怒りが向いたり、「こんな上司を管理職にしている会社が悪いんだ」と怒りの矛先があらぬ方へと向かっていったりもしがちです。

ここまで**感情が暴れてくると、冷静に自分を見つめる余裕はありません。**

このようにして**六つの敵は相互に影響しあいながら、自分をがんじがらめにしていきます。**

いくつもの心の働きが自分に敵対し、自らを不自由にしていく――これが、悩んでいる時の心のありようなのです。

それではどのような形で、こうした感情に向き合うのがベストなのでしょう。

ネガティブな感情のリーダー、欲望の姿を明らかにする

ここまでの流れで、私たちの中で生まれた怒りや執着などといった感情から、心でたくさんの対立や混乱が生まれ、悩みになっていくことがわかったでしょう。

しかし、「感情が問題になることはわかった。でも感情の実態はわからない」というままでは、いつまでも悩みが生み出されてしまいます。こうした心で起きてしまう勘違いと混乱を、知識の力で取り除く必要があるのです。

私たちは、たくさんの感情があると思っています。「うれしい」「苦しい」「寂しい」「楽しい」「怖い」など、日々、さまざまな感情が生まれては消えていくのを体験しているからです。

これに対してインド哲学が伝えるのは、**感情には二つの方向性**しかないという事実です。

悩んでいる時は感情に翻弄され、混乱が生まれがちです。そして、感情をうまく整

理できずにいると、どんどん悩みは深まっていきます。でも、その根っこにあるのは、**「快を求め、不快を避けたがる心の働き」**という極めてシンプルな事実だけなのです。

また、私たちは自分たちの中にネガティブな感情があることを自覚しています。

「つい悪口を言ってしまう」

「思い込みで判断してしまう」

「人の成功を素直に喜べない」

悩んでいる時は、特にこうした感情が次々と生まれてきて、どうしたらいいかわからなくなってしまうこともあるでしょう。

けれど、インド哲学が伝えているのは、**自分に苦しさをもたらすネガティブな感情は六つだけである**という事実です。

「何としても手に入れたい」という欲望、

「何でわかってくれないんだ！」という怒り、

「これでは足りない。もっと欲しい」という貪欲、

「相手を自分の思い通りにしたい」という執着、

「自分はあいつより優れている」という傲慢、

「あの人ばかり、うまくやっていてズルい」という嫉妬……。

これら「六つの敵」に対しての処方箋さえわかれば、自分のネガティブな感情はすべてコントロールできるのです。

ネガティブな感情にはリーダーがいる

そしてここで、ネガティブな感情について押さえておきたいことがあります。それは**「六つの敵のうち、一番のリーダー格は欲望である」**ということです。

インド哲学では欲望から、他のネガティブな感情が生まれていくといいます。

次に、それぞれの感情と欲望との関係性を見ていきましょう。

1　欲望と怒り

怒りとは、自分の思い通りにならない時に起きる感情でした。

ということは、**怒りの底には「思い通りにしたい何か」がある**ということです。「こうあって欲しい」「これを手に入れたい」など、その裏には必ず欲望が控えています。

2　欲望と貪欲

対象物を次々と求めたがる感情である**貪欲は、欲望がエスカレートした状態**です。対象物に向かう勢いを止めず、満たしても満たせなくても、次々と私たちを駆り立てていきます。

3　欲望と執着

執着は心がとらわれてしまって、そこから離れられない感情です。それは、**「絶対、手に入れたい」「絶対、思い通りにしたい」という欲望でいっぱい**だということです。欲望や貪欲の極まったものが執着です。

4　欲望と傲慢

欲望がすべてのリーダー格

欲望を上手にコントロールできれば、他の５つの敵は全て排除することができる。

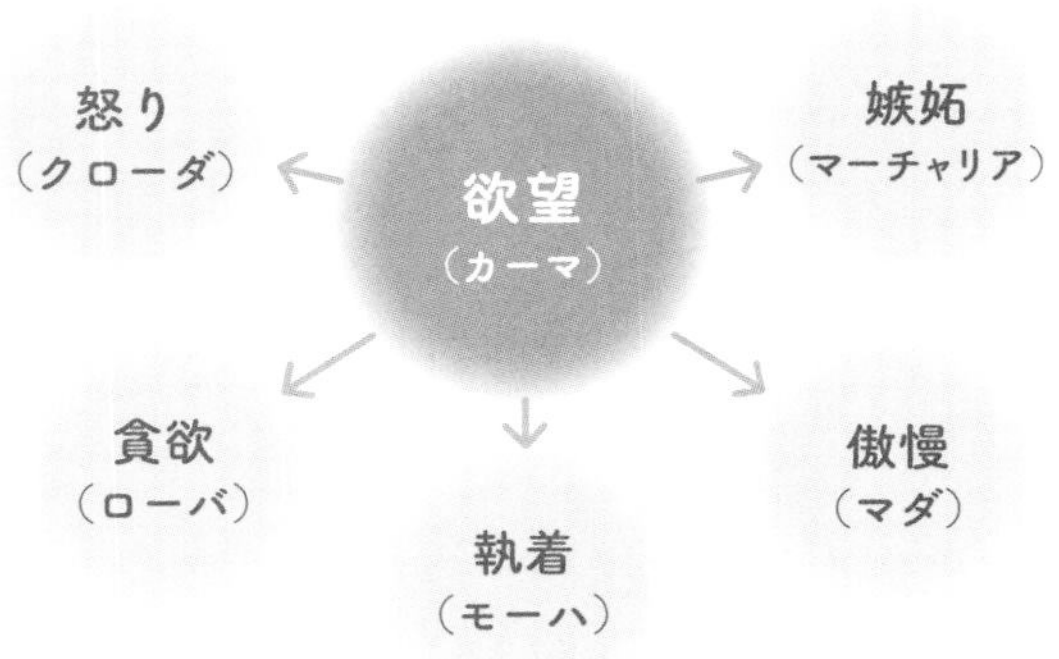

傲慢はおごり高ぶって他人をあなどり、見下す感情です。「自分は欲望を満たした（けれど、相手は欲望を満たしていない）」という状態の時、他人を見下すという形となって現れます。

5　欲望と嫉妬

嫉妬は他人に対してうらやみ、ねたむ感情です。「自分は欲望を満たしていない（けれど、あの人は欲望を満たしている）」という思いから、嫉妬という形で現れます。

これら五つのネガティブな感情は、リーダー格の欲望なしには生まれません。つまり、欲望さえきちんとコントロールできれば、存在することができないのです。

ヨーガでコントロールできる心の働き

「行き過ぎた欲望が、たくさんのネガティブな感情の原因になる」

この章の内容を一文で表すなら、こう言うことができるでしょう。

欲望が過剰になってコントロールできなくなると、そこからネガティブな五つの感情が生まれ、心で暴れ始める――それが、悩みという状態です。

章の終わりに、欲望とつきあっていくためのポイントを二つお伝えしましょう。

一つ目は、**この世界は、欲望を刺激するものでいっぱい**だということです。

メディアから流れてくる宣伝は「これを手に入れると幸福になりますよ」「これができると幸せですよ」といった情報のオンパレードです。そこには、幸せを味わっているモデルの心地よさそうな表情が、甘美な音楽と共に流れてきます。

また、「このままでは不安じゃありませんか？」「これを持っていないと後悔しますよ」という、感情をあおるような情報もたくさん流れてきます。

いずれも、「快を求めたい、不快から逃れたい」（＝幸せになりたい）という私たちの心に働きかけてくるものばかりです。

SNSも、今まさに幸福を味わっている有名人が、これでもかと出てきますね。初めは「いいなあ」「ステキだな」と軽い気持ちでいたのが、次第に「私もあんな暮らしをしたい」「彼女が持っているあれが欲しい」となっていくのもよくあることです。

つまり、現代の私たちは**心が欲望に色づけられていく環境を生きている**ということです。資本主義の社会は、「欲望」**を刺激することで成り立っている**という事実を、まずは受け入れておく必要があります。

二つ目は、**欲望をコントロールするのは、とても難しい**ということです。なぜなら、**心はすでに欲望でいっぱいだから**です。「欲望に覆われた心」が欲望をなくそうとしても、到底無理な話です。

インドの賢人の一人に、パラマハンサ・ヨガナンダ（１８９３～１９５２）という人がいます。世界的なロックバンド・ビートルズのジョージ・ハリソンにも大きな影響を与えた人物とも言われています。

師は自らの著書、『あるヨギの自叙伝』の中で、とある聖者の詩を引用しています。

（略）

あなたは錬金術によって暮らしを立てることもできるし
ひそかに宇宙を旅することもできる。
神々を召し従えることも、永遠の若さを保つこともできるし
水の上を歩くことも、火の中に住むこともできる。
だが、心を支配することは
これらのどれにもまさり、どれよりもむずかしい。

（パラマハンサ・ヨガナンダ『あるヨギの自叙伝』森北出版、１９８３、Ｐ４０３）

「自分の心なのに、なぜ、思い通りにならないのだろう」と落ち込む必要はありません。インドを代表する賢者の一人、ヨガナンダ師ですら、心をコントロールするということは、何より難しいと言っているのですから。

インド哲学は知識と実践の両輪で深めていく

そんな欲望を適切な状態にし、取り扱いが難しい心を整えていく方法があります。それが、「ヨーガ」です。日本では、ヨガとして知られており、呼び方が違うのは、インド聖典がまとめられた言語に「オ」という母音がなく、「オー」と伸びるためです。呼び方だけでなく、日本で伝えられているヨガとインド伝統のヨーガは、多少、趣も異なります。日本のヨガを思い浮かべて、「ダイエットやエクササイズ目的だよね」「自然の中で修行をするやつか」などという先入観で「ヨーガ」を判断してしまうのは、もったいないことです。

ヨーガとは、毎日の暮らしを通して、自分の心を適切な状態へと近づけていくための智慧です。ヨーガを代表する経典には、

ヨーガとは考えの動きを静かに収めることです。

（向井田みお『やさしく学ぶＹＯＧＡ哲学　ヨーガスートラ』第1章2節アンダーザライト、２０１５、Ｐ22）

こう定義されています。

ただやみくもに知識を学ぶことだけがインド哲学ではありません。知識を学びながら、自分自身を整えていくことも大切なのです。なぜなら、私たちは今の心の在りよう以上のものを理解することはできないからです。

そのための実践法が、ヨーガです。

本書では第5章と、第6章で「ヨーガ」についてまとめました。どれもがシンプルなことばかりで、一見すると「え、こんなことでいいの?」と思うかもしれませんが、この世界で効果的と言われるものの多くは、シンプルで簡単なものばかりです。

インドで生まれたヨーガ——悩みに向き合うための知識と方法論は、何千年も前からすでに存在していました。続けていくには根気がいりますが、少しずつでも続けていけば、心の在り方は必ず変わっていくでしょう。

column

インド哲学とマインドフルネス

マインドフルネスとは、「今、ここ」に意識を集中させ、心や五感を観察する技法のことで、関連する書籍も多く出ています。

元々はお釈迦さまが開いたとされる仏教の教えがベースになっていると言われ、近年ではビジネスや医療の分野でも広く支持されています。集中力を高めたり、ストレスを軽減したりすることにも役立っているようです。

インド哲学との類似点は、どちらも心に対してアプローチしていることにあります。瞑想や自己観察を通じ、心を静かに収めていくことが重要視されている点も似ています。

違いがあるとしたら、インド哲学では「自分とは何か？」という知識の理解に重きが置かれているところでしょうか。

五感や心を観察しながら、自分について理解を深めていくと多くの気づきを生み出しますが、こうした理解なしに瞑想や自己観察をしていると、自分に対する誤解や勘違いが生まれてしまっても気づかない可能性があるように感じます。

また、インド哲学ではマインドフルネスに見られるような「集中力を高める」や「ストレスを軽減する」などの目的や意図を持ちません。こうしたメリットは、学びや実践の結果として自然に（自ずと）もたらされるものだからです。結果に執着しすぎないことで、その人にとって最適なものを得ることができるというわけです。

とはいえ、マインドフルネスが流行したお陰で、心の探求や瞑想に対してのイメージがだいぶ変化してきました。

特に、ビジネスという心が忘れ去られてしまいがちな世界において、多くの人が瞑想に取り組んでいる現状は一昔前では考えられなかったことであり、心をめぐっての関心の大きさを感じさせる流れといえるでしょう。

第4章

カルマの法則

～なぜ、こんなことが起きるの？～

「なぜ、私にこんなことが？」理由がわからないせいで生まれる悩み

悩みはある日、突然にやってきます。

・仕事の契約が急に打ち切りとなった
・母親が倒れて、入院することになった
・子どもが学校で問題を起こした
・パートナーから別れを切り出された

こうしたさまざまなできごとをきっかけとして、心はざわつき始めます。そして激しく暴れ出し、悩みという状態に育ってしまうことがあります。そんな心や感情の働きについて、ここまでの章で詳しく見てきました。

この章で取り上げるのは、「そもそもなぜ、こんなできごとが起きるのか？」についてです。

自分を苦しめるようなことが起きた時、「まあ、しょうがない」と淡々と受け止めることができる人は、ほんのひと握りでしょう。ほとんどの人は「なぜ？」「どうして？」「私だけ？」といった思いが頭をめぐるはずです。

「なぜ、こんなことが起きるの？」
「どうして？　これが私の運命なの？」
「いったい何が悪かったんだろう？」

そこではすでにお伝えしてきたように、「このできごとは不快だ」という「感情的な心」と、「なぜ、こんなことが起こるのか」と原因を追究したがる「理性的な心」が働き始めています。ただ、どれだけ考えをめぐらせても答えが出るわけではありません。

さらに、私たちはたくさんの情報や知識を持っています。

・トイレ掃除をしていれば、よい結果が得られる
・悪いことが起きるのは、神仏からの罰だ

・一族が抱えている過去からの因縁
　というものがある
など、事実かどうかもわからない、不確かなことも含めてたくさんの情報を持っています。

いったん悩みに陥ると、「記憶という心」（P50）に、根拠も不明のまま貯蔵されているこれらの情報が、次々と引き出されてきます。

すると、それらが燃料となり、「感情的な心」や「理性的な心」の働きを過熱させていきます。とどまることなく、燃え盛る炎のように。ただ、どれだけ「理性的な心」が働いたと

心の働きに苦しめられる

不快をもたらすできごと
「病気になってしまった」
「災害に巻き込まれてしまった」

←

「感情的な心」が動き出す
「こんな不快な状況を避けたい」

←

「理性的な心」が原因を考える
「なぜ、私が病気になるの？」
「なぜ、私が災害に巻き込まれるの？」

←

その原因はわからない
「どれだけ考えてもわからない」

できごとそのものはもちろん、そこから生まれてくるさまざまな心の働きによって、私たちは一層、苦しめられてしまう。考えてもわからないことをグルグル考え続け、負のループに陥ってしまう。

しても、納得のいく答えは見つかりません。そればかりか思い込みや勘違いから自分勝手な想像や憶測が生まれていきます。

　このようにして、私たちはできごとそのものだけでなく、そこから生まれる心の働きによって苦しめられるわけです。

できごとが起こる理由には、さまざまな考え方がある

「なぜ、こんなことが起きるの？」という問いは、私たちの五感で確認できるようなものではありません。

　ここには、インド哲学でもとりわけ有名な「カルマ（行い）の法則」というテーマがからんでいます。

　カルマの法則とは、**「何かしらの行い（カルマ）には、何らかの結果（パラ）がやってくる」という、この世界の摂理のこと**です。そうした大きな働きの中で、できごとはめぐってくるというわけです。

このカルマの法則についてお話しする前に、一つだけ押さえておきたいポイントがあります。それは、**「できごとが起きる理由」について、世界にはたくさんの考え方がある**ということです。

学生の頃、私はある宗教団体に勧誘されたことがあります。かつての同級生に喫茶店に呼び出されたのですが、世間話もそこそこに、いきなり「先輩」という女性二名がテーブルにやってきました。

そして、自己紹介もなく本題がスタート。

「人間は知らないうちに十の悪い

行いをしていて、それが生きる上での苦しさの原因なのです。それらを取り除かないと、必ず不幸になります。望む人生が生きられませんよ」と断言するのです。

「今、悩みはありません！」と返したのですが、「それこそが反省をしない悪い行いそのものだ！」と反論され、しまいには「不幸になってもいいの？　これは、あなたのためなのよ」と大声で説得にかかってきたのです。

女性三人に取り囲まれて「幸せだ、不幸だ」と話している様子に、お店の方も違和感があったでしょう。けれど、店員さんは遠巻きに眺めるばかりです。最終的には、「自分のことは自分で決めますし、少なくともあなた方より不幸せにはならない人生を歩みますよ」と捨て台詞を残し、私が一方的に席を立ちました。いやぁ、なんとも後味の悪い経験でしたが……。

さて、話を戻しましょう。何が言いたかったかというと、**この宗教団体には、この団体なりの「できごとが起きる理由」**があるということです。この団体では、苦しいできごとについては知らないうちに犯している十の悪い行いに原因がある、そしてそのままでいると、「必ず」不幸になるととらえていたのです。

こんな風にこの世界では目の前に現れるできごとに対し、さまざまな考え方があるということです。

・宇宙とつながっていれば、できごとを思い通りに引き寄せられる
・できごとは心が引き寄せるのだから、ポジティブな思考でいれば大丈夫
・できごとは魂の成長を促すために、生まれる前に自分自身が決めてきた
・先祖供養が足りないから、自分を苦しめるようなできごとが起きる
・できごとが起きるのは自然現象、そこに法則などはない

など、この世界には数えきれないほど、さまざまな「できごとが起きる理由」が存在しています。果たして、この中のいったいどれが正しいのでしょうか？　また、私たちはどの考え方を支えにして、できごとをとらえればよいのでしょうか？

こうしたたくさんの情報がもたらす混乱も相まって、「なぜ、こんなことが起きるの？」という疑問はどんどん複雑になり、ますますこの世界は混迷を深めていくのです。

さまざまな考え方を乗り越える インド哲学の智慧

インド哲学では、世界や自分を理解する方法を二つに分けてとらえます。それを、アースティカ、ナースティカという言葉で表現します。

アースティカとは、**伝統的に伝わる聖典の知識を通して理解する方法**です。『ウパニシャッド』や『バガヴァッド・ギーター』など、数千年単位の歴史を持つとされる聖典の知識を通じて、世界や自分への理解を深めていきます。

一方、**ナースティカは、アースティカ以外の方法で自分や世界を理解する方法**のことです。

ある人は、信仰している宗教の教えを通してこの世界や自分を理解するかもしれないし、ある人は、ベストセラー本に書いてあったことによって理解しているかもしれません。これらは、アースティカの立場から見ると、ナースティカととらえられるのです。

この本はインド聖典の知識をベースにしていますので、アースティカの立場で話を進めています。そのためＰ１０２で例に挙げた「宇宙とつながっていれば、できごとを思い通りに引き寄せられる」という考え方などは「それ、本当なの？」と言わざるを得ません。私の知る限り、できごとが起こる理由を、このように伝えているインド聖典は存在しないからです。

ただ、**インド哲学はこうした異論を否定しません**。なぜなら、「あ、それはナースティカの考え方ですね」という形でとらえるからです。「アースティカだから正しくて、ナースティカだから間違っている」ということではないのです。

世界をとらえるための方法論は人によって違い、自分には自分の、他人には他人の考え方がある――インド哲学は、こんな風に**異なる意見の対立を超える知慧**でもあります。

自分と異なる意見や考え方に対して、受け入れる姿勢を持つこと、それはこの世界に新たな対立を生み出さないことにつながるのです。

私たちに起こるできごとは罰でも罪でもない

ということで、ようやく「なぜ、こんなできごとが起きるのか？」についてお伝えしましょう。

まず、大切なことは、**「神様や仏様といった偉大な存在が、私たちに罪や罰を与えているわけではない」**という点です。

私の知り合いに、神社めぐりが好きな女性がいます。そんな彼女が大きなトラブルに見舞われたことがありました。ふいにもらった事故のようなもので、関係もないのに言いがかりをつけられたにも等しいトラブルだったのです。

当の本人は、「あれだけ神社参拝をしていたのに、どうしてこんな目に？」という思いが頭をもたげてきたようです。そこから漠然と、「神様からの罰」とか「私に与えられた罪」などという言葉が頭をちらつき始めているとも話していました。

インド哲学の世界観（アースティカ）によると、この世には数えきれないほど多くの神々がいらっしゃいます。太陽の神様（スーリヤ）や月の神様（チャンドラ）、風の神様（ヴァーユ）など、二千を超える神々がいらっしゃるとされます。それらの神々は、この世界を運行させている大きな摂理の元で、それぞれの役割を担当している偉大な存在です。

　しかし、人間から見たら偉大な存在である神々も、世界を運行させている大きな摂理から見たら全知全能の存在ではありません。ましてや、人間を罰したり、罪を与えようと働きかけたりする存在でもありません。アースティカの立場では、世界をこのようにとらえています。

カルマの法則をめぐって起きる勘違いや誤解

では、できごとはどのようにしてやってくるのでしょう。

アースティカは、それをカルマの法則によるものだととらえます。何らかの行い（カルマ）が結果（パラ）になるという、この世の摂理です。

私たちの住む日本でも、さまざまなシーンでこのカルマの法則のようなものを垣間見ることができます。

たとえば、

「一生懸命に受験勉強をしたから」（原因）→「希望の大学に合格した」（結果）
「食事量をコントロールしたから」（原因）→「ダイエットに成功した」（結果）
「パワースポットに旅行したから」（原因）→「臨時収入が入ってきた」（結果）

という具合です。

多くの人がごく自然にこうした考えを受け入れている理由の一つに、仏教の影響があると考えられるでしょう。

およそ１３００年前に伝来してきたとされる仏教は、もともとインド文化圏で生まれました。お釈迦さまが説いたとされる仏教は、インド聖典をベースに世界をとらえていないのでナースティカ（Ｐ１０３）とされます。しかしその教えにはカルマの法則がはっきりと説かれています。日本の文化はこの仏教に多くの影響を受けていることから、私たちが仏教的な考え方を知らないうちに受け入れているのは何ら不思議ではありません。そのためもあってか、よいことであれ、悪いことであれ、「私が行ったことに原因があるのでは」と自然に考えてしまいがちです。

ただ、それはカルマの法則のごく一面だけをとらえたものでしかありません。逆に、カルマの法則をあいまいに理解していると、混乱や悩みを深めていく原因ともなりかねません。なぜなら、**自分にとってよくないことが起きた時、その原因を自分自身に求めすぎてしまう**かもしれないからです。

そうなると、せっかくのカルマの法則という聖典の知識が、逆に私たちを不自由にさせてしまいます。この誤解を正しておかないと、できごとをめぐる悩みはいつまでもくすぶり続けてしまうのです。

原因と結果には法則があるが、人間にはそれを見通すことはできない

「今年はなぜか怪我や病気ばかりしている」

　そんな状況だと、気分は落ち込みますよね。そこには、「こうした状況を一刻も早く脱したい」と不快を避けたがる「感情的な心」が働いています。同時に、「理性的な心」も動き始めます。「なぜ？」「どうして？」とできごとの原因を探しにかかる、知的で知りたがる心が働き、そしてどこからかそれらしい理由を見つけてきます。

・病気をした家族の面倒をみなかったからだ
・過去に、友だちの悪口を言いふらしたからだ
・去年、お墓参りをしなかったせいだ

といった具合です。

　けれど、これらは本当の原因なのでしょうか。

　カルマの法則（原因と結果の関係）は、そんなに簡単なことではありません。

・私たちの行いを原因として、何かしらの結果が生まれる
・けれど、その原因と結果の関係は、人間の目で見通すことはできない

それがカルマの法則なのです。

原因と結果の関係を
なぜ、見通すことはできないのか

ここで一つ、疑問が生まれませんか？　なぜ人間の目にはカルマの法則が見通せないのでしょう。この疑問に対して、インド哲学ではこうとらえています。

①一つのできごとが起きるには、数えきれないほどの原因が折り重なっている

カルマの法則は、一つの原因に対し、一つの結果という単純な結びつきで起こるものではありません。また、原因がすぐに結果となって現れるものばかりでもありません。中には、長い時間をかけて花開いていくような結果もあるといわれます。そのため、私たち人間にその全体像を見通すことはできません。

②自覚していない行いをたくさんしている

アースティカ（P103）では、「人は生まれ変わりを繰り返す」という世界観があります。生まれる前の人生、その前の人生、そのまた前の人生……。私たちは数えきれないほどの人生を経てきているといわれます。

でも、私たちはそんな過去についての記憶を持ってはいません。そこで何をしていたかはもちろん、どこの誰だったかもわかりません。ただ、そうした**幾多の生涯で行ってきたことも、カルマの法則の原因としてとらえられる**というのです。

また、私たちは**知らないうちにやっている行いもたくさんあります**。床に水をまけば、ほこりが流されてきれいになるでしょう。けれど、そこにいる小さな虫たちは死んでしまうかもしれません。何気ない一言で、どこかの誰かを深く傷つけているかもしれません。こうした行いのすべてを、私たちが自覚することはできないのです。

③カルマの範囲は広範囲に渡る

心で感じたことや口にしたことも、カルマの法則では原因としてとらえられます。

私たちは常にたくさんの思考をめぐらせていますし、言葉を通して多くのコミュニケーションを取りますが、それらをすべて追うことはできません。また、「いじめられている友だちを見て見ぬふりをした」などのように、**しなかった行いもカルマとしてカウントされる**と言います。

全知全能の存在でもない限り、すべてを認識することは不可能なのです。

考えても答えが出ないこともある

「原因は必ずあるけれど、私たち人間にはその因果関係は見通せない」

カルマの法則のほとんどは、目には見えない（ドリシュタ）と言われます。それが人間の側から見たカルマの法則の真実です。

悩みに陥ると、「なぜ、こんなことが起きるの？」とあれこれ考えがちですが、インド哲学はそんな私たちに対して、ある知識を与えてくれます。

それは、**「ここから先は考えても答えは出せないよ」という考えない智慧**です。

悩みに陥ると、考えるべきことと考えなくてもよいことの見極めができなくなりがちです。

カルマの法則を理解していくと、こうした、考えても答えが出せないことに理解が

及ぶようになります。考えるべきことと、考えてもしかたがないことを見極める、ヴィヴェーカと呼ばれる力が、私たちの中に立ち上がってくるのです。

お釈迦さまが答えなかった質問に隠された智慧

仏教を開いたお釈迦さまは悟りを開かれた後、各地で説法を繰り返しました。そこでは数十年に渡り、「苦しみとは？」「そこから抜けるには？」などの生きる智慧を伝道されたといわれています。

そんなお釈迦さまが、聞かれたのに答えなかったという質問があります。それらは「無記」といわれ、「世界は永遠なのか？」「生命と体は別ものか？」などがあるとされます。

こうした伝承も、考えてもどうしようもないことに執着する私たちを、優しく戒めている教えなのかもしれません。この世界にはいくら考えても答えの出せない問いがあるということ、それを知るということ、これも悩みに翻弄されないための大切な知識です。

「これは私の責任」という見えない鎖から自分を解放する

よいカルマには、喜びをもたらすようなできごとが、悪いカルマには、苦しさをもたらすようなできごとが生まれる

カルマの法則によってもたらされる因果関係は、このように説明されます。

「よいカルマ」や「悪いカルマ」とは、とても抽象的な表現ですし、それだけで一つの哲学的なテーマになるのですが、まずはカルマのよし悪しを「自分が同じことをされてうれしいか、あるいは悲しいか」と、とらえてみるといいでしょう。

ちなみに私の先生は、それを行うことで心がすっきりとする行いや周りの人を笑顔にする行いをよい行いと説明していました。こう聞くと、よいカルマと悪いカルマの姿が見えてくるのではないでしょうか。

また、**カルマの法則は預金と借金のようなものだ**と説明されることもあります。

過去に行ってきたよいカルマは預金のようなものです。預金があれば欲しいモノを手に入れたり、行きたい場所に行ったりすることができます。つまり、喜びや快適さが得られます。

反対に、悪いカルマは借金のようなものです。

借金はいつか必ず返済しないといけません。

また、仮に預金が増えても、借金があると帳消しになってしまいます。つまり、私たちに苦しさや不快さをもたらすのです。

私たち一人一人の預金と借金のバランスシートが異なるように、一人一人が過去に行ってきたことは違います。つまり、過去に積み重ねてきたカルマはそれぞれ違っているということなのです。

ただ、預金とカルマには大きな違いもあります。

それは、**預金は好きな時に引き出すことができるのに対し、カルマの法則は自分では自由にコントロールできない**という点です。「次の仕事で勝負をかけたいから、よいカルマを全部使ってしまおう」「来週には手術があるから、悪いカルマはなくしておこう」といったことはできません。

私たちが蒔いた種(=行い)はいつか花が開きます(=結果となって現れます)。ただ、それがいつかはわかりません。すぐに花開くかもしれないし、次の人生や、そのまた次の人生でかもしれません。まったくコントロールが不可能なもの、それがカルマの法則なのです。

できごとに対しては、やるべきことを淡々と

「財布をなくしたが、運よく見つかった」
「あんな部署に回されるとは、彼は運が悪い」

このように、私たちは運という言葉を日常的に使います。カルマの法則の観点から運を見ると、**「過去に積み重ねてきた行いが、結果になったもの」**ということができ

るでしょう。
そこには、「偶然」や「たまたま」はありません。すべてにカルマの法則が働いています。ただ、人間の目にはそのメカニズムは見えないので、「運がよかった」「運が悪かった」と表現するしかないのです。

仮に「こんなこと、納得いかない」と抵抗しようとすると、そこから苦しさが生まれてきます。それはカルマの法則を働かせている世界の大きな摂理に反しようとすることだからです。
キリスト教の神学者であるラインホルド・ニーバー（１８９２〜１９７１）が伝えたとされる祈りの一節（通称：ニーバーの祈り）には、このような人生観が表現されています。

神よ、
変えることのできないものを静穏に受け入れる力を与えてください。
変えるべきものを変える勇気を、
そして、変えられないものと変えるべきものを区別する賢さを与えてください。

キリスト教は、インド哲学から見るとナースティカ（Ｐ１０３）になります。なぜなら『聖書』を通じて世界や人間をとらえているからです。ただおもしろいことに、そこで表現されていることにはインド哲学と多くの共通項を見ることができます。この一節もそうですね。

いくら「雨は嫌だ」と思っても、天気を自由にコントロールすることはできません。雨が降ったら傘をさすなどして、ありのままを受け入れ、そこでできる最善のことをするしかないのです。

つまり、起きてしまった**できごとに対しては、抗うことなく、そこでできることを淡々とするだけ**なのです。

そして、「こんなことが起きたのは自分が悪いからだ」と過剰に自分を痛めつける必要もありません。

インド哲学には、**アヒンサー（傷つけない）というヨーガの教えがあります。これは世界や他の生物を傷つけないというもの**で、インド独立の父、マハトマ・ガンジーも、この教えをもとに、非暴力主義を打ち出したとも言われています。

アヒンサーを習慣にしていれば、心の対立は解消され、混乱や葛藤も浄化され、究極的には周囲から傷つけられなくなっていくと言われます。

アヒンサーのポイントは「他人だけでなく、自分をも傷つけない」ということ。

私たちは、できごとに向き合うだけでも大変です。中には、解決するのが難しいことや、たくさんの労力と時間が必要なものもあるでしょう。それらと向き合っているだけでエネルギーを消耗させられる日もあります。

そんな時、「これが起きたのは自分のせいだ」だとか「私がよくないことをしたからだ」と自分を責める感情を持っていても、いいことは何もありません。

人間には見通すことのできないカルマの法則ですから、その原因を明らかにするのは不可能です。ここに執着するのは、悩まなくてもいいのに悩みの原因を探しているようなものです。

必要以上に自分を責めるのはやめましょう。

過去の行為は変えられないが、未来への結果は変えられる

「カルマの法則って、なんとなく怖いですよね」

インド哲学の勉強会で講師をしていると、たびたびこのような感想をもらうことがあります。その言葉の裏側には、「宿命にしばられる」「今さらどうしようもない」といった感覚があるのかもしれません。カルマの法則について初めて話を聞いたら、そう思っても不思議ではないでしょう。

そして今の日本ではカルマの法則という言葉が勝手に一人歩きしていることが多いようです。インド聖典で語られている文脈をまったく無視し、他人の不安をあおったり、自分の意のままに他人を操作しようと使われているケースもあると聞きます。

そこで本章の最後に、こうしたカルマの法則をめぐる混乱を解いておきましょう。

今、この瞬間から
よいカルマは積み重ねられる

インド哲学では、カルマを次の三つに分けてとらえます。

①もはや変えられないカルマ
②今、目の前で展開しているカルマ
③今、この瞬間から変えていけるカルマ

です。

ここから一つ一つ見ていきましょう。

①もはや変えられないカルマ（サンチタカルマ）

一つ目は、**すでに行いをしてしまったカルマ**です。

困っている人を助けたというよいカルマにしろ、他人を傷つけたという悪いカルマにしろ、過去の行いそのものを取り戻すことはできません。それはまるで弓矢の矢が放たれたようなものです。一度、放たれた矢を前の状態に戻すのは無理な話です。

同じように、すでに世界に放たれたカルマは、「なかったことにしたい！」と思っても、もはや人間のコントロールを超えています。いつか結果がやってくるのを待つしかないのです。

それがたとえ、「快をもたらす結果」でも、「不快を運んでくる結果」でも、受け入れるしかありません。

こうしたカルマのことを、**サンチタカルマ**と言います。すでに行いをしてしまって、取り戻すことができないカルマのことです。

②今、目の前で展開しているカルマ
（プララーブダカルマ）

私たちの毎日には、たくさんのできごとが起こります。

飛び上がりたいほど、うれしいこともあれば、何日も眠れない日々を過ごすようなつらいことも起こります。優しくて話のわかる人に出会えたと思えば、人の意見を聞かない頑固なわからず屋が現れることもあります。

こうした**今、目の前で展開しているカルマのことをプララーブダカルマ**と言います。これらの原因となるのは、過去に行ってきたサンチタカルマ（P121）です。今までに行ってきた、よいことや悪いことの蓄積によって、カルマの結果がもたらされたということです。

過去に積み重ねてきたサンチタカルマと、目の前で展開しているプララーブダカルマの因果関係は、人間の目にはまったくわかりません。私たちには、「なんて理不尽な」「どうして自分だけが……」と感じるようなことでも、カルマの法則という大きな摂理から見れば、起きるべきことが、起きるべくして起きているというわけです。

私たちは日々、このプララーブダカルマによって悩んだり、喜んだりと、一喜一憂を繰り返しているのです。

③今、この瞬間から変えていけるカルマ（アーガーミカルマ）

人間には他の動物にはない力がいくつかあります。

そのうちの一つが、自由意志（P18）です。動物は本能でしか動けませんが、人間は考え方を自由に決め、方向づけていく力を持っているのです。

そのため、今、この瞬間から「困っている人がいたら支えになろう」とか、「悩んでいる人がいたら話を聞こう」という具合に、よいカルマを積み重ねていくことができるのです。

このカルマを**アーガーミカルマ**と言います。

サンチタカルマがもはや変えることはできないのに対し、アーガーミカルマは今、この瞬間から選択していくことができるカルマです。**未来に向けて、結果を変えていけるカルマ**とも言ってよいでしょ

3つのカルマの関係

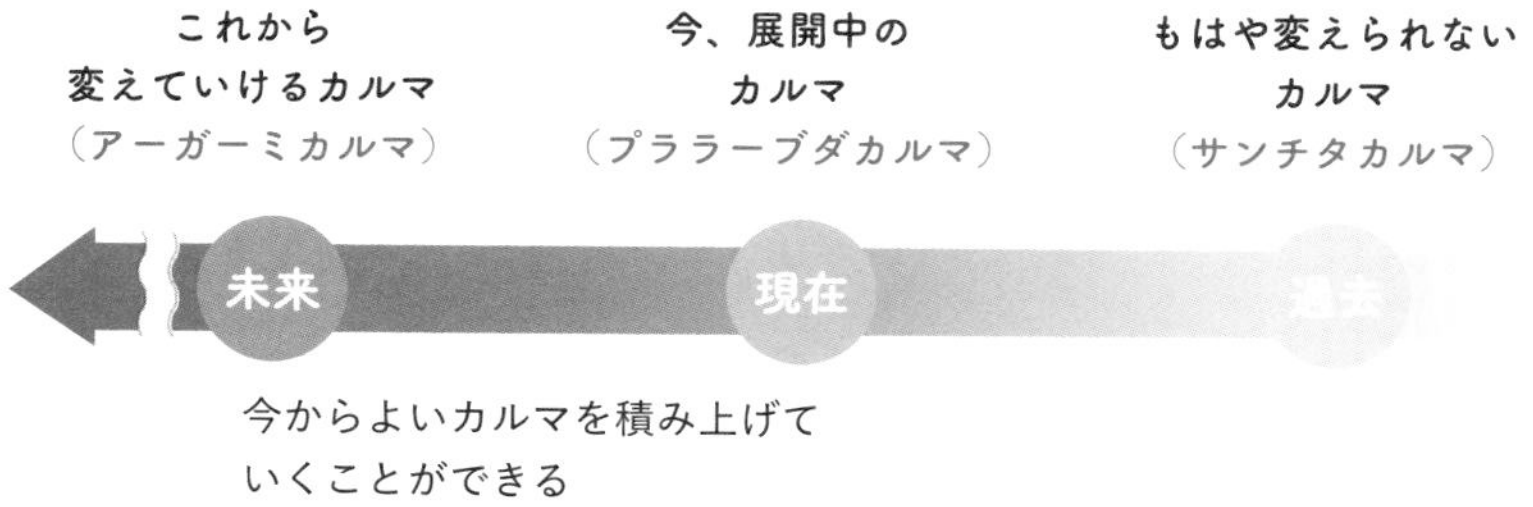

う。

たとえ過去にたくさんの借金をしてきたとしても、それで人生が終わるわけではありません。これから一生懸命、働くことを決意し、少しずつ行動していけば、借金を返済し、預金をしていくことができます。

同じように、私たちはカルマというバランスシートを今、この瞬間から自分でつくり上げていくことができます。**過去にどんなカルマを積み重ねてきたとしても、未来に向けた新しいカルマを積み重ねていくことができる**のです。

そう、カルマの法則は、変えられない過去にばかり目を向けて恐れおののくものではありません。今、**この場から未来に向けてよいカルマを積み重ねていくことができるという、極めて前向きで、私たちを縛りつけることなく自由へと導いてくれる教え**です。

私たちに起きるできごとの理由がはっきりした時、どんなできごとも受け止めるというさわやかなあきらめが生まれます。それは、できごとをありのままに受け入れる何よりの力になります。そして、心が暴れまわることはもはやなくなってくるのです。

column

人として生まれてきただけですばらしい

「私は過去に相当、悪いことをしてきたのではないか」

カルマの法則の話をすると、時々、こうした反応をする人がいます。確かに、大切な人との別れがあったり、大病を抱えたり、仕事のトラブルが重なったりすると、こうした思いにかられるのもわからなくはありません。カルマの考え方でいくと、しんどいことが起きるのは過去のよくない行いの結果でもあるからです。そしてそこから飛躍し、「自分なんて生きている価値がないのでは」とまで考えてしまうことがあるかもしれません。

ただ、ここでお伝えしたいことがあります。それは、人間の身体で生まれてきているのは、過去に十分よい行いをしてきた証でもある、ということです。

インド哲学によると、私たちは数百万種の肉体に生まれ変わる可能性があるそうです。その中でも人間の身体を手に入れたというのは、とても吉祥なことだとも言っています。

なぜなら、知性と自由意志（P18）という、他の動物にはない力を持っているのは人間だけだからです。それはとても得がたいことなのだそうです。

私たちはこれまでに幾多の生まれ変わりを繰り返しています。それも数回や数十回というようなレベルではなく、その数は「数えきれないほど」とインド聖典には示されています。

その過程にあっては、どんな人でもよくない行いをしてきたでしょう。ただ、それを十分に超えるだけのよい行いもしてきたからこそ、今、人間としてここに存在しているのです。

インド哲学は、人間が人間であることの意味を肯定し、力強く生きることを支えてくれる哲学でもあるのです。

第5章

人間関係について

～うまくやろうとしないでいい～

人間関係もキーワードは、対立

前章では、カルマの法則という目には見えないテーマを取り上げましたが、この章では極めて日常的なテーマである、人間関係についてお伝えします。

「わかって欲しいのに、話を聞いてくれない」
「こちらの都合を考えずに、一方的に話をしてくる」
「自分の考えが正しいと信じて、まったく譲らない」

このようにたくさんの喜びや楽しみをもたらしながらも、時として、こうした対立をも運んでくるもの、それが人間関係です。

「自分の希望」と「相手の態度」とが対立
「自分の都合」と「相手の言動」とが対立
「自分の考え」と「相手の考え」とが対立

など、さまざまな形の対立が生まれます。

とはいえ、人間関係を無視して生活することもできません。私たち人間は、社会的な関わりを持ちながら生きていく動物だからです。

「よかれ」や「ささいなこと」には要注意

人間関係の難しさはいろいろとあると思いますが、ここでは二点取り上げてみます。

①相手がよかれと思ってやっている難しさ

みなさんの周りには、頼んでもいないのに、一方的にアドバイスをしてくる友だちはいないでしょうか。

たとえ悩みごとがあったとしても、頼んでもいない相手から勝手にアドバイスをされると、なんだかモヤモヤしますよね。こちら側の状況や考えを知ろうとせずに、延々と自分の考えをぶつけてくる――これを「ありがたい」と思う人は少数派でしょう。

けれど、相手がよかれと思っていることもわからなくはありません。「私のことを心配してくれているのかも」という気がしてくると、「素直にアドバイスを聞かないと悪いかな」などという思いが生まれ始めます。誰だって、他人の善意を無視したくはないからです。

そこから「相手の気持ちを大切にしたい」という「理性的な心」と、「一方的に話をされるのは困る」という「感情的な心」とがぶつかって対立が生まれます。

私たちはその葛藤で悩むのです。

②相手が気づかずにやっている難しさ

「パソコンのキーボードをうるさい音でたたく同僚に悩んでいる」といった場面があるとしましょう。聞こえてくる側にしたら、もうタッチ音の一つ一つが気に障るのですが、たたいている本人はそのことに全く気づいていないようです。

別の同僚からは、「気になるなら本人に直接、

言えばいいのに」と言われますが、「悪気があるわけじゃないし」とか「ほんのささいなことだし」とどこか消極的な気持ちも生まれてきます。みんな、自分が悪者にはなりたくないからです。

しかしこのままでは、自分の中のストレスは高まる一方です。

この場合も、**「うるさいからやめて欲しい」という「感情的な心」と、「悪気があるわけじゃない」「ささいなことだし」という「理性的な心」とが対立を始めています。**これは立派な悩みの状態で、もはやささいなことではありません。

自分を傷つけていないかどうかが判断基準

人間関係にストレスを感じているということは、**そこに何らかの不健全さが生まれていて、それによってダメージを負っている**ということです。

いくら「相手はよかれと思っているし」や「ささいなことだし」と言ってみても、自分の中では何らかの違和感が生まれるのが何よりの証拠です。

インド哲学の大切な教えの一つ、アヒンサー（自分や他人を傷つけない）については、すでにＰ１１８でお話ししました。**他人を優先するあまりに自分をおきざりにしてしまうこと、それは、自分というかけがえのない存在を傷つけていること**になります。ここをきちんと理解しましょう。自分を大切にすることに躊躇はいりません。

人間関係をめぐる問題において、相手に明らかな悪意がある場合は、そこまで複雑にはなりません。そのような相手とは離れるなり、意見を口にするなり、大人の対応ができるからです。

やっかいなのは、**人間関係には「白か黒かはっきりしないこと」がたくさんある点です。**「私のためを思ってのことだし」や「このくらいは自分が我慢すればいい」という思いがあると、人間関係を「ありのまま」に見ることができなくなります。

こうしたワナにとらわれないためにも、人間関係を客観的に、冷静に見るための知識が必要となってくるのです。

「不健全な人間関係」が混乱を引き起こす

私たちの周りにある人間関係を見てみると、いろいろなタイプがあることに気づきます。

例えば、仲のよい夫婦のような人間関係では、お互いが信頼しあっています。人間同士ですから、時には意見が対立することもあるでしょう。ただ、そんな場合でも自分の考えだけを、相手に押しつけるようなことにはなりません。妥協したり、話し合ったりしつつも理解しあい、互いの対立を乗り越える方へと進んでいける関係です。

一方、どちらかが相手に気を遣っている友人同士などのように、意見や考えをはっきりと言いにくい人間関係もあります。

こちらが何か話そうとしても、「それは違う」「そうは言ってもね」とすぐ言い返されます。そもそも、相手がこちらの話をきちんと受け止めようとしているか不明です。どんな話でも、常に否定から会話が始まってしまいます。こちらが何を話しても、相手の頭の中は自分が言いたいことでいっぱいのようです。

また、どちらかがいつも上に立っている関係性もありますね。いわゆる「マウントを取る」というやつです。

そんなことをされる心当たりもないのになぜか相手はいつも偉そうな立ち位置にいて、こちらに対する言葉遣いも、どこかぞんざいに感じるような関係性です。

このような「不健全な人間関係」に囲まれていると、私たちはありのままの自分ではいられません。窮屈で不自由な方へと追い込まれて行ってしまいます。

人間関係は四つのタイプに分けられる

こうした人間関係をインド哲学では、四つのパターンに分けてとらえます。四つのうち、二つが「健全な人間関係」で、残りの二つは「不健全な人間関係」です。

一つ目は、**ヴァーダ**です。**お互いが相手のことを理解しようとしている、建設的な対話ができる関係**です。

ここでは相手が語る表面上の言葉だけでなく、その言葉が発せられた背景や思い、そこに含まれる感情などを、お互いに理解しようとしています。

たとえば、つきあい始めたカップルには、ごく自然にヴァーダが生まれているもの。

相手を知り、そして自分を知ってもらうこと。そこからそれぞれにとって有意義で相手を尊重する対話が生まれます。お互いが相手を受け入れ、ストレスを生み出さない「健全

人間関係の4つのタイプ

健全	ヴァーダ	相手の考えや状況を理解しようとしている関係
	サンバーダ	先生と生徒がそれぞれの役割、立場を理解している関係
不健全	ジャルパ	考えや価値観が対立。自分の方に引き込みたいと思っている関係
	ヴィタンダ	何に対しても「NO！」から入るコミュニケーション

な人間関係」です。

二つ目は、**サンバーダ**です。たとえば学校の先生と生徒のように、**教える側と教えられる側の立場が明確な関係**です。

ここでは、頼んでもいないのにアドバイスしてくるという関係に見られる「どうして勝手に教えてくるの？」という混乱はありません。先生の教えを学ぼうとする生徒と、それに答えようとする先生との間に信頼関係があり、お互いが役割をわきまえています。

この関係は一対一だけではなく、複数の人が所属するグループでも成り立ちます。この人が先生で、私たちは教わる側という共通理解がメンバーの間にあり、知識や人間性を高

めあっていくことができる「健全な人間関係」です。

三つ目は、**ジャルパ**です。相手を自分の価値観へと引きずり込みたがっている関係です。

強引な宗教の勧誘のように他人の聖域に土足で入って行き、価値観の変更を迫っていきます。

この関係性では、「人は人」という姿勢は見られません。自分の考えに執着して相手の考えを変えさせることに熱心だからです。また、「あなたのため」という言葉もよく使われます。ただ、それが「あなた」にとって迷惑かどうかという冷静さはジャルパにはありません。

いくら言葉を重ねても相手の説得が難しいとなると、「これが社会の常識」とか、「あの人も正しいと言っている」と、第三者の意見を使ってまで、自分の思い通りにさせようとします。ヴァーダやサンバーダからは建設的な対話が生まれるのに対し、ジャルパからは相手との対立と不快感しか生まれません。人のエネルギーを激しく消耗させる、「不健全な人間関係」です。

四つ目は、**ヴィタンダ**です。これは、**コミュニケーションが否定から入る関係**です。常に「NO」からやりとりが始まるため、何を話しても、「それは違う」や「でもね…」などの否定語で切り返されてしまいます。それでは対話のしようもありませんし、やりとりをする気力まで奪われてしまいますよね。

ビジネスの世界には「D言葉」という言葉づかいがあります。相手の意見や主張に対して、「でも」「だって」「どうせ」といった、「D」の音から始まる言葉で、とっさに反論してしまうことです。人間関係をスムーズにする上で、なるべく使わない方がいい言葉とされています。ヴィタンダで多用されるのが、まさにこれらの言葉です。

「忙しい」「疲れた」「時間がない」から始まる会話も、文脈によっては否定語と同じといえるでしょう。そこには、ヴァーダやサンバーダのように相手を積極的に理解したいという思いが欠けています。

なぜこうした関係性が生まれるかというと、相手にオープンに接しないことで会話の主導権を握ろうとしたり、相手に対するうらやましさや嫉妬などの感情があるものとされます。理由はどうであれ、不健全な人間関係なのです。

無関心という選択肢もある

頼んでもいないのに、よかれと思って一方的にアドバイスをしてくる友だち、P129でそんな例を挙げてみました。果たして、これはどのような人間関係に当てはまるのか、ちょっと見てみましょう。

1　ヴァーダ（お互いが相手のことを理解しようとしている関係）かどうか？

ヴァーダは、相手の状況や感情をきちんと理解し、深い部分からの共感をしようとする関係でしたね。「一方的にアドバイスをしてくる」という行動は、相手を理解しようとせず、自分の考えを押しつけているだけ。

自分の肌感覚で一方的に語られるアドバイスは、独りよがり以外の何ものでもありません。当の本人が「よかれ」と思っていても、「健全な人間関係」であるヴァーダには当てはまりません。

2　サンバーダ（先生と生徒との関係性が明確な関係）かどうか？

「こちらから頼んでもいない」ということは、アドバイスをお願いしたわけではないということです。悪い言い方をしてしまえば、情報の押し売り。アドバイスを受ける側にも「この人は私の先生」という意識はなく、「健全な人間関係」であるサンバーダも成立していません。

インド哲学には、アステーヤ（盗まない）という教えがあります。ここには、他人の大切にしているものを勝手に盗まないという意味があります。他人の所有するものはもちろんですが、考え方や時間などもみだりに盗んではいけないとも解釈されています。

許可なく他人に教えるということは、その人の大切な考え方や時間までを奪っている可能性があります。人にはその人なりの価値観や考えがあります。そのように他人にとって大切なものを、いくらよかれと思ったとしても、第三者が奪う権利はありません。

3　ジャルパ（自分の価値観へと引きずりこみたがっている関係）かどうか？

ここは判断が難しいところですね。「自分の考えに引きずり込みたい」という意図があるかどうかは当の本人でないとわからないからです。

ただ、**一方的にアドバイスをしたがる行動の裏側には、相手への期待が隠れていることが多いもの。**それは、「相手にこうなって欲しい」という強い欲望です。「自分の価値観を共有してほしい気持ちの表れ」ともいえるでしょう。

いずれにせよ、アドバイスを受けている側が苦しさを感じていることを考えると、「不健全な人間関係」であるジャルパが成立しています。

4　ヴィタンダ（否定から始まるコミュニケーション）かどうか？

これも「一方的にアドバイスしてくる友人」という情報だけではわかりません。なぜなら、アドバイスが語られるまでの会話の流れがわからないからです。

仮に、こちらが何を話しても「それは間違っている」「それは甘い」などと否定され、一方的なアドバイスが始まってしまうようなら、ヴィタンダで、もちろん「不健全な人間関係」です。

「誰とでも仲よくすべき」という幻想を捨てる

こうした「不健全な人間関係」に対して、私たちはどんなことができるのでしょう。

ここでは、日常生活での具体的なふるまいについて考えてみます。

まず大切なのは、**「誰とでも仲よくするべきである」という幻想を捨てる**ということです。「和を以て貴しとなす」という国に生まれた私たちは、幼い頃から「誰とでも仲よく」という価値観をごく自然に受け入れてきました。ただ、いくら誠意を持って他人とつき合おうとしても、「不健全な人間関係」であるジャルパやヴィタンダを避けることはできません。

この世界は、晴れの日ばかりがめぐってくるわけではありません。大雨や豪雪といった悪天候は定期的にやってきます。人間関係だって同じです。言葉を重ねなくてもわかり合える人もいれば、どれだけ言葉を重ねても、話にならない人は現れます。

こうした、「不健全な人間関係」がめぐってきたら、**「この人とはわかり合えないけれど、仕方ないな」と、さわやかなあきらめを持つことも必要**なのです。

「きちんと話し合えばわかり合える」。そのための努力を放棄すべきではありません。けれど、「不健全な人間関係」とは、このきちんと話し合うことを放棄されている関係性です。ここに大切な時間やエネルギーを過剰に使うのは、悩みや混乱を深めるばかりです。

インド哲学には、**ウペクシャーナン**（**無関心**）という教えがあります。これは、自分に**とってよくない行いを向けてくる人はスルーする**というものです。

私たちは「この人の私に対する態度って、

どうなの？」と思っても、その場を取りつくろうために、したくもない共感をしてしまうことがありますよね。また、相手の意見が自分とまったく違うものだとわかると、つい自分の意見を主張してしまいたくなることもあります。

ただ、それらの行動は、「不健全な人間関係」という燃料に火をくべてしまうことにもなりません。偽りの共感も、自己主張もすることなく、「へー」「なるほど」「そうなんですか」といった**最低限度の対応をして、受け流すのがウペクシャーナン**です。まさに、無関心ですね。それは、ストレスを生まない、お互いにとって最適な関係です。

この、無関心という対応には、どこかネガティブな感覚を持つかもしれません。「他人を無視しているみたいで嫌だな」と感じる人もおそらくいるでしょう。

ただ、無関心は**自分を傷つけたり、大切なものを奪おうとするものから自分を守るための手段**です。他人を傷つけ、おとしめる行為である無視とは根本的に違います。

他人を尊重することは大切ですが、それは自分が人間関係の中で傷つけられていないことが大前提なのです。

行いを通して心を静かに収める
カルマヨーガ

「どうしても無関心ではいられない人がいるんですが……」。

無関心について話をすると、たびたびこうした反応を耳にします。「自分の考えを押しつけてくる人だ」「いつも否定されるな」と感じていても、同僚だったり、家族だったりして無関心を貫き通せない関係性もあるからです。

こうした、「無関心でいたいけれど、いられない関係性」を考えてみましょう。

これについて、インド哲学を代表する教えの一つ、カルマヨーガ（行いのヨーガ）の観点から見てみます。

カルマヨーガとは、カルマ（行い）とヨーガとでできている言葉です。私たちは日々、たくさんの行いをしています。仕事をしたり、人と関わったり、家事をしたり、本を読んだり。

これらを総称してカルマと言います。この言葉はすでにカルマの法則（P99など）

でも出てきましたね。そして**ヨーガとは、自分をつくり上げていくための実践技術のこと**です。こちらもP92で簡単にお伝えしました。

この本を通して、みなさんはインド哲学の知識をさまざまな側面から学んできました。ただ、いざ日常生活で実践するとなると、この本にある通りにはいかないこともいろいろ出てきます。たとえば、「心とは何か？」を知ったはずなのに、気の合わない人が現れると心は相変わらずざわつき始めます。「感情とは何か？」を知ったはずなのに、「なぜ、こんなことが？」と落ち込むこともあります。

どうして、こういうことが起きるのでしょう。

それは、心の状態がこれまでと同じままだからです。**悩みに翻弄されない心を手に入れるには、ある程度の練習が必要**となってきます。

野球の技術をいくら学んだところで、実際にプレーするためには、繰り返し練習をしなければなりません。インド哲学の知識も同様で、実践できるようになるには少しずつ練習をしていくしかないのです。

カルマヨーガとはそんなヨーガの技法の一つ。**日常生活での行いを通して、心を整**

えていく技術なのです。

まずは、やるべきことをやる

ここからカルマヨーガのポイントを二つ、お伝えしましょう。

一つ目は、**やるべきことをやる**ということです。

私たちは、たくさんの関係性と、そこで果たすべき役割を持っています。たとえば、親から見れば自分は「子ども」ですし、子どもから見れば「親」です。会社の上司から見れば「部下」ですし、なじみの飲食店からしたら「お客様」です。このように目の前にいる相手との関係性によって、自分の役割は変わります。

インド哲学ではこうした関係性の中で、**何かしらの行い（やるべきこと）を求められている**ととらえます。

「やるべきこと」というとどこか漠然としていますが、**「周囲の人が笑顔になることをしていく」**と考えると、わかりやすいでしょう。

周囲に幸せな状態にいる人がいれば、それがもっと広がるようにと関わり、周囲に

「困った」「しんどい」という人がいれば、その苦しさが少しでもやわらぐように働きかけることです。こう言うと、宮沢賢治の『雨ニモマケズ』を思い出す方も多いでしょうが、まさしく、その通りなのです。

ただ、それらは「これがやるべきことだ」とどこかに明言されているわけではありません。

それはまるで将棋のようなものかもしれません。刻々と変わる局面の中から「これがベストだ」と思える一手を打っていくのが将棋です。そして、それが最善の打ち手だったかどうかは、その一手を打った時にはわかりません。

人間関係も同じです。病気になった友だちに対して、「お見舞いに行く」「今は黙って見守る」「メールで気づかう」のどれがベストかは誰も教えてくれません。その時に「これがやるべきことだ」と思った行いをするしかないのです。

ただ、将棋と違うのは「本当はやるべきだ」と思っていても、なんとなく一手が打てず、そのままにしてしまうことがある点です。

「返信しないといけないメールがあるけど、どう返事をしていいかわからない」や

「言わなくてはならない場面だけど、無用なトラブルを生み出したくない」などと行いをめぐって心の対立が生まれています。

こうした対立に向き合い、やるべきことをやっていく——それがカルマヨーガです。**対立を対立のままにしておかないことが、私たちを悩みから遠ざける近道**なのです。

結果への執着を手放し うまくやろうとしない

二つ目のポイントは、**うまくやろうとしない**ことです。

私たちが何かを行う時、そこには結果へのこだわりがあることがほとんどです。

たとえば、両親の介護をめぐって兄弟間の意見がまとまらないとしましょう。それぞれの「これが正しい」が衝突してしまうと、対話が成り立ちません。

こうした時、私たちは結果から逆算して行いを考えがちです。

「妹に納得してもらうため（結果）、こうやって説得しよう（行い）」
「兄の勘違いに気づいてもらうため（結果）、この本を読んでもらおう（行い）」

という具合です。そこには、「自分にとって理想の結果を手に入れるためにこの行いをしよう」という思考パターンがあることに気づきましたか？

カルマヨーガは、こうした**「うまくやりたい」という期待をひとまず手放し、行い（やるべきこと）に集中する**ことです。

さらに言うと、この「うまくやりたい」には、**「理想の結果を手に入れたい」だけでなく、「苦しい結果を避けたい」というパターン**もあります。

・後輩の仕事に対して注意をすべきだが、怖い先輩と思われたくない
・友だちの考え方に同調できないが、何か言って気まずくなりたくない
・パートナーに言いたいことがあるけど、今の関係性が壊れるのは怖い

どのケースでも、「(苦しみを運んでくる結果を避けて)うまくやりたい」という思いが根底にあります。

こうした思いを手放して**やるべきことに意識を向ける**こと、それがカルマヨーガなのです。

世界を思い通りに コントロールしようと思わない

では、なぜ「うまくやろうとしない」ことが大切なのでしょうか?

一つ目の理由は、**私たちは「結果」を思い通りにコントロールできない**からです。

たとえば、受験生が猛勉強をして試験に合格したとしましょう。一生懸命に勉強してきた行いが、合格という結果になった。それを私たちは当たり前のようにとらえます。

ところが、インド哲学が伝える世界観はそう単純ではありません。なぜなら、**数え**

きれないほどのたくさんの原因から、結果が生まれるのがカルマの法則だからです。「この結果は、これが原因だ」と単純に答えを引き出せるものではないのです。

確かに勉強という行いがなければ、合格という結果を得ることは困難だったでしょう。

しかし勉強をしたことだけが、合格という結果をもたらしたわけではありません。そこにはたくさんの原因が混在しています。

逆に、一生懸命勉強したのに、

当日熱が出て試験が受けられなかったとか、行く途中でトラブルに遭い、大幅に遅刻してしまったなど、うまくいかないことだってあります。

このように、いくら「うまくやろう」と考えても、自分の行いだけで結果をコントロールできるわけではなく、過去に行ってきたたくさんの行い（原因）によってもたらされるものなのです。

ネガティブな感情を生み出さないためには

二つ目の理由は、**結果へのこだわりがネガティブな感情を生み出す原因となる**からです。

「何かを達成したい」という欲求は、決して悪いものではありません。生きていく上で得られる達成感などの喜び、それらを満たすことをインド哲学では否定しません。ただ、P72でも見てきたように、欲求はつい行き過ぎてしまう性質を持っています。

当初は「達成したい」という純粋な思いだったのに、だんだんと「絶対に達成したい」「達成できないと苦しい」といったネガティブな感情に育っていくのも、そうめずらしいことではありません。

「うまくやろうとしない」というのは、こうしたネガティブな感情を生み出す土壌を作り出さないということにつながります。

私たちの心は、つい満たしたい欲望や達成したい願望でいっぱいになっています。その中には、「他人が欲しがっているものなのに、自分まで欲しがってしまう」「すでに十分満たされているのに、満足していない」など、自分に対しての誤解や勘違いも多く含まれています。

これらを自《みずか》らの力で見つけ、解決していくのはなかなか困難です。なぜなら、私たちには自分という心があり、どんな人にも自分の考えや見方にこだわる心が必ずあるからです。どんな人でも、何らかの色眼鏡をかけてしか自分を見ることはできません。いくら自力だけでなんとかしようとしても、そこには限界があります。

これに対し、**「うまくやろう」という思いを外し、行いに集中するのがカルマヨーガです。それは自力だけでなんとかしようという思いを手放す**こととも言えるでしょう。そしてやるべきことに集中していくと、自然と心は整い始めます。なぜなら、「達成したい」「満たしたい」という願望が初めから手放されているからです。

カルマヨーガを続けていくと、自《おの》ずから、変化が生まれてくることもめずらしくありません。

その変化は

- 今まで欲しかったものが欲しくなくなってきた
- 人生における優先順位が変わってきた
- 今までのようにネガティブな思いに翻弄されなくなってきた
- 悩みが生まれても、立ち直るのが早くなってきた

など、人によってさまざまですが、「自《みずか》ら」を手放すことで、その人にとっての最適な変化が「自《おの》ずから」生まれてくるのです。

行いは自分を整える
チャンスととらえる

インド哲学における行いには、単に何かをすればいいということではなく、**行いをすることで心が整っていき、人間としての成熟度が高められていくもの**といった意味合いが含まれています。

① 心が整うと、誤解が生まれにくくなる

物事をありのままに、正しく見ることができるようになります。「あの人は多分こうだ」と想像したり、根拠がないのに「不安だ」「心配だ」と感じたりすることも少なくなってくるでしょう。それらは、自分の心が勝手に作り出したものだと気づけるようになるのです。

② 心が整うと、見極める力が生まれる

「自分がすべきこと、すべきでないこと」「自分にとって大切なもの、大切でないもの」

などがはっきりと識別できるようになっていきます。自分の中の対立が少なくなり、そこから生まれる混乱がほどけてくるからです。

③　心が整うと、他人を受け入れるスペースが生まれる

私たちは、自分の中の対立でたくさんのエネルギーを消耗しています。こうした対立が減ると、余裕（スペース）が生まれてきます。自分を大切にしつつも、他人を思いやったり、慈悲の心を向けることができるようになってくるでしょう。

日常生活は
正解を出す必要のない問題集

日常生活の中で、それぞれの役割を果たしながら心の準備を重ねていける――私は、ここにインド哲学が持つ魅力を感じます。

私の場合でいうと、経営者としての仕事をしながら、自分を整えることができるということです。特別な場所に出向いて心について学ぶ必要も、高いお金を払って技術を習得する必要もありません。

お客様や取引先、スタッフとのやりとりを通じて、やるべきことは次々とやってきますが、それはまるで、「あなたはどのように役割を果たすの?」と問いかけられる「問題集」のようです。その問題集には、自分に喜びをもたらすものも、苦しさを運んでくるものも含まれていますが、いずれにせよ、やるべきことに変わりはありません。

たとえ、「会社のシステムが壊れてしまった」「スタッフが急に退職した」という困ったことだとしても、私たちは配られたカードの中でゲームを組み立てるしかありません。「もっといいカードが欲しい」と言ってもどうしようもないのです。やるべきことは、私たちの具体的な働きかけを待っているのですから。

そして、この問題集は学校などで出されるものとはだいぶ違います。なぜなら、**うまくやろうとしなくていい問題集**だからです。**やるべきことをやることが大切であって、正解を出すことを求められたりしません。**

私たちは、「うまくやろう」「成功させよう」「目標を達成しよう」という圧のかかった時代を生きています。学校でも社会でもその圧を感じます。まるで透明の鎖に束縛されているかのようです。

ところが、私たちはそのことに対し、あまり問題意識を持っていません。「うまくやる」のは当然であり、「うまくやること」は正義であり、「うまくやる人」がもてはやされる時代なのです。

でも、インド哲学はそれとは逆の真理、「**結果にフォーカスをしないで、やるべきことをやる**」と言っています。ここで大きなパラダイムの変換が起きるのです。

よいことが起きても、嫌なことが起きても、大丈夫。
なぜなら自分は、やるべきことをやっていくだけだから。

そのようにこの世界を受け止める人に、深刻な悩みは生まれません。「好き、嫌い」「うれしい、悲しい」を同じものとして受け止めるからです。一流アスリートや俳優のインタビューなどで、こうした内容の発言をたびたび垣間見ることができます。

ただ、こうした心は、特別な人だけの専売特許ではありません。誰でも自分の役割を果たしながら手に入れることができます。そのための実践法が、**悩みに巻き込まれない自分をつくっていくための方法論・カルマヨーガ**なのです。

column

次に読みたい本

本書を読み「インド哲学に興味が出てきた」「学びを深めてみたい」という方への推薦図書です。難しいと思える本もあるかもしれませんが、「学んでいけばいつかはわかる」という気持ちでぜひ。

1．『バガヴァッド・ギーター』（上村勝彦著・岩波新書）

インド哲学を代表する教典『バガヴァッド・ギーター』を原典から日本語訳したものです。インド哲学を学ぶ多くの方が、一度は手にするテキストといってもよいかもしれません。私もこの一冊からインド哲学の世界に入りました。

2．『ヨーガスートラ』（向井田みお著・アンダーザライト）

ヨーガ経典を代表する『ヨーガスートラ』を日本語訳したものです。200近い詩文で構成されているこの経典の1つ1つに丁寧な解説がついています。日常生活に関連づけた説明も多いため、初学者でも無理なく読み進めていくことができるでしょう。

3．『インドの聖典』（ムニンドラ・パンダ著・アートインターナショナル）

実際のインド哲学の講義をもとに編纂された一冊です。先生と生徒との対話によって深められていくインド哲学の学び、その空気感をリアルに感じ取っていただけます。「インド哲学ってどういうもの？」ということを理解していただく助けになる一冊です。

4．『いちばんていねいでいちばん易しいインド哲学
超入門バガヴァッド・ギーター』（大塚和彦著・ガイアブックス）

私がまとめた『バガヴァッド・ギーター』の入門ガイドです。インド哲学を学び始めた頃を振り返り、「ここが分からなかったな」ということを思い出しながらまとめた一冊です。イラストも豊富ですので、無理なく読み進められるかと思います。

第6章

今日からできる実践

～自分と世界が変わる10の教え～

心を整えるヨーガの技法
シンプルな10の教え

最後の章では、悩みを遠ざけ、心を整えていくために、毎日実践できることをまとめています。

「ヨーガ」にはたくさんの技法がありますが、ここでは日常生活で実践できそうな10の教えを選んでみました。

どれも、**心を整えるための技法であるヨーガとして伝えられている**ものです。一つ一つはとてもシンプルなことばかりです。けれど、**シンプルなことほど難しい**ということはこの本でたびたびお伝えしてきた通りです。

現代はインターネットで少し検索しただけでも、「一瞬で悩みをなくすための技法」や「すぐポジティブになれる方法」など、即効性がありそうで刺激的な情報をたくさん見つけることができます。

こうした情報は、どこかの誰かの成功体験があたかも誰にでも有効であるかのように語られがちです。そうしたものが、「一時的な高揚感」や「一時的な納得感」を与えてくれることもあるかもしれませんが、根本から人を変えていく力があるかというと、私には疑問です。30年後、50年後に、それらの情報のほとんどは、目にすることもなくなっているでしょう。

一方、ヨーガは、**「自分のとらえ方」や「この世界のとらえ方」が深い部分から最適化されていく、長い歴史に裏打ちされた技法**です。私たちの中でいつの間にか生まれた、**過剰な欲望や自分への誤解や勘違い、こうした悩みの原因を解きほぐしていくものです。**

「ついつい悩んでしまう心」

「考えなくてもいいことを考えてしまう心」

「人の気持ちを読みすぎてしまう心」

そうした、**悩みを生み出す心への処方箋**といってもよいでしょう。

ただ、ヨーガの実践は「今すぐに」「簡単に」とはいきません。日常生活での実践と、それを積み重ねていくための根気が必要です。タイパ（タイムパフォーマンス）が重視される今の時代には、ともすると受け入れられにくいかもしれません。でも時間をかけて身につけたものは、簡単には元に戻りません。

自転車に初めて乗る時は、みんな練習しましたよね。補助輪をつけたり、後ろで支えてもらったりして、練習を繰り返しました。倒れたり、スリ傷ができたりもしたでしょう。でも乗る感覚がつかめるようになると一気に進歩したはずです。その後は転んだりせず、スムーズに自転車を乗りこなすことができるようになりました。

ヨーガも同じです。

焦ることなく、「じっくり、ゆっくり、少しずつ」という心持ちで実践してみるのです。続けてさえいれば、「あ、前だったらここで悩んでいたのに、今回は悩んでいないな」「悩みはするけれど、ずっとそこに留まらなくなってきた」など、自分の変化に気づけるリアルな体験が必ずやってくるでしょう。

第1の教え　傷つけない（アヒンサー）

自分や他人を傷つけないようにすることです。

ごく普通に生活している私たちは他人に暴力をふるうようなことはないかもしれません。ただ、アヒンサーは、身体を使った行いだけを指すわけではありません。

相手が不快と感じる言葉を投げかけるのは、「言葉で人を傷つけている」ことですし、相手の意見に対して「間違っている」と根拠もなく一方的に攻撃するのも、他人を傷つけている行いととらえられます。

さらに、「私なんて、ダメだ…」と自己否定を繰り返したり、表面上は仲よくしているようでも友だちに対して心の中で悪口を言うようなことも、考えによって自分や**他人を傷つける**行いになります。**行い、言葉、考えに注意し、自分を含めた生命あるものを傷つけないように**することです。

第2の教え　正直でいる（サッティヤ）

自分に対して正直でいることです。

日常生活では、「納得いかないな」と思っても、その場を取りつくろうために調子を合わせることがありますね。また、ついつい自分を大きく見せるために話を盛ってしまうこともあります。

これらもすべて、新たな対立の種となりえます。「自分の気持ちと行動」や「事実と発言」が対立を生んでいるからです。**自分の感情や心に正直にいれば、こうした悩みの種が新たに蒔かれることはありません。**

この社会で正直を貫いていると、人間関係で対立を生むことがあるかもしれません。だからといって自分に正直でいないと、いずれは心で対立が生まれてしまいます。

大事なのは心に対立を生み出さないこと。正直でいることは、その何よりの予防策になるのです。

第3の教え　盗まない（アステーヤ）

他人が大切にしているものを盗まないようにすることです。

所有物はもちろん、時間、価値観、ライフスタイル、労力など、他人が大切にしているものはたくさんあります。それらを許可も得ずに、勝手に奪い取るようなことをしない、ということです。

私たちは、誰もが盗まれることを望みません。なぜなら、すべての生物にとって自分の安全が何よりも大切（P70）だからです。そのため、他人が自分の領域に土足で踏み込んでくるような状況では、新たな対立が生まれます。

遅刻は相手の時間を盗むようなことですし、相手の考えを変えさせようとするのは、相手の価値観を盗むということです。いくら菜食がいいと考えても、それを他人に押しつけるべきではないですし、手伝ってもらうのは当然という姿勢で周囲と接するのも考えものです。

第4の教え　抱え込みすぎない（アパリグラハ）

必要以上に抱え込みすぎないということです。

着ていない洋服がたくさんあったり、抱えている仕事が多すぎたりすると、混乱が生まれ始めます。集中力が

分散し、「何が大切で、何が大切でないか？」が見極めにくくなってくるからです。

たくさんのものを抱え込んでいると、「整理したいのに、片づけられない」「やらなければならないのに、時間がない」といった心の対立も生まれかねません。そのためにも自分で抱えられるキャパシティを知り、それを超えさせないことが大切です。

また、自分の感情も抱え込み過ぎてはいけません。つい我慢を強いてしまうと、心のキャパシティはいっぱいになってしまいます。そのためにも早めに周囲に相談したり、日頃から「問題を抱え込みすぎていないか」と、自分に問いかけるのもいいでしょう。

第5の教え　清潔にする（シャウチャ）

自分自身や周辺環境を整え、清潔にしておくことです。

すっきりとした自分、さっぱりとした自分、さわやかな自分は、誰にとっても心地よく、セルフイメージもアップします。

自己評価が高まれば、自分自身を傷つけることも少なくなってくるでしょう。今の自分を肯定できるようになるからです。

シャウチャには、**心や身体にとってよくないものを遠ざける**という意味合いもあるとされます。感情を刺激する情報を意識的に集めたり、SNSを長時間、見ていたりするのは、心をざわつかせますよね。

日頃、何気なく見ているものや聞いているものをきちんと選択することも、立派なシャウチャです。

第6の教え　与えられたことに満足する（サントーシャ）

自分に与えられたことに満足することです。

自分が置かれている状況、出会ってい

る人間関係、与えられている能力などに満足し、それらを素直に受け入れることです。なぜなら、これらは偶然にもたらされたものではなく、世界をめぐらせる大きな摂理の働きによって、私たちにもたらされているものだからです。

与えられたものに満足しないということは、そのような大きな世界の摂理に刃向かうようなもの。それは自分と世界との間に新たな対立を生んでしまいます。**思い通りにならないものを思い通りにしようとするところからも、私たちの苦しさは生まれる**のです。

もし、残念なできごとがあったとし

ても、マイナス面だけでなく、プラス面にも意識を向けてみましょう。「ここから何が学べるのだろう？」「これをクリアしたら前進できるはず」と、**「今、ここ」からできることにフォーカスできるようになると気持ちも軽く**なります。

第7の教え　決めたことを守る（タパス）

決めたことは、やり抜こうと努力することです。

「早起きをする」「暴飲暴食を止める」「毎日、少しでもいいから本を読む」など、続ければ自分にとってよいことだとはわかっていても、なかなか続けられないことってありますよね。

　その理由は、「これをやろう！」と決めた「理性的な心」が、「もっと眠りたい」「もっと食べたい」という「感情的な心」に負けてしまうからです。

　そこで、**自分で決めたことを守り続けていくことで、少しずつ心は鍛えられていきます。**

　鍛えるというと、どこか厳しい修行のようなイメージを持つ人もいるかもしれませんが、「毎日、十五分だけでも本を読む」「三分ずつ起きる時間を早くしてみる」など、自分ができることからで十分です。無理と無茶をせず、今できることから少しずつ積み重ねていきましょう。

第8の教え　継続的な練習をする（アッビャーサ）

できるまで続けるということです。

この章にまとめていることは、言葉にしてしまうとどれも簡単ですが、ずっと続けていくのは正直、むずかしいと思われるかもしれません。

人生は短距離走ではなく、マラソンレースのようなものです。**今すぐにはっきりとした成果を求めるのではなく、長い年月を経てつくり上げていく**のだと意識してみてください。すぐに獲得したものは、すぐに使えなくなりがちですが、長い時間をかけてつくられたものは、簡単に損なわれることはありません。

今はできなくても来月はできるようになる、来月にはできなくても年末にはできるようになる、それくらいの心持ちでいいのです。そのためにもあきらめずに続けていくことです。

第9の教え　瞑想をする（ディヤーナン）

心や身体に意識を向け、「今、ここ」を感じるのが瞑想です。瞑想をすることで心の働きが静かになると、「感情的な心」をきちんと見極められるようになるばかりか、

「自分とは何か？」について理解できるようになってくると言われます。

この世界には、たくさんの瞑想の方法があります。リラクゼーションを目的としたものから、自分自身を探求する瞑想までさまざまです。そのためか、「無になることが瞑想だ」「瞑想をすると不思議な力が生まれる」などといった数え切れない程の情報があります。そのせいでどのように瞑想をしたらよいのか、余計に悩む人もいるかもしれません。

インド哲学で伝えられているのは、

- **安定して静かな環境で**
- **地面に対して、背骨をまっすぐ立て（座っていても、立っていてもよい）**
- **体と頭とを一直線にすること**

だけです。手の位置や呼吸の仕方、瞑想をする時間などといった細かな決まりはありません。

まずは一日一回、三分でも五分でもよいので続けられるところから始めてみることです。少しずつでも続けていけば、より深い瞑想の世界への扉も開けてくるでしょう。

第10の教え　世界をめぐらせる摂理を受け入れる（イーシュヴァラ・プラニダーナ）

この世界をめぐらせている摂理に敬意を向け、受け入れるということです。

私たちは、この世界からたくさんの恩恵を受けています。仮に、空気や水がないとしたら、すべての生物は生きることができません。太陽が昇らなければ地球に熱がもたらされず、極寒状態です。そんな環境で生活することはできません。

こうした**世界をめぐらせている大きな摂理のことを、インド哲学ではイーシュヴァラとよびます**。世界（それも、太陽系や銀河系をも超える世界）をめぐらせている大きな働きです。

そんなイーシュヴァラがもたらすものに、自分を合わせようとしてみましょう。それは、自分中心の生き方から、世界をめぐらせる大きな摂理を中心とした生き方にシフトしていくことと言っていいかもしれません。

最後に、イーシュヴァラへの敬意を表するマントラと、シャンティ（平穏）マントラをお伝えして、この本を締めくくりたいと思います。

心を整える2つのマントラ

ここに紹介したマントラは、朝や寝る前などに唱えるといいでしょう。
もちろん心がざわつく時や、悩みに打ち負かされそうな時に
唱えるのもおすすめです。

オーム（この世界の全てを現すといわれる聖なる音）
イーシュヴァラ（この世界をめぐらせる大きな摂理）
ナマハ（ゆだねる）

両手を合わせて、心を込めてマントラを唱えます。
今回、みなさんがこの本を手にしたのも、イーシュヴァラの働きの
お陰です。みなさんにとって、よき出会いになりますように。

オーム（この世界の全てを現すといわれる聖なる音）
シャーンティ（心の対立が生まれませんように）
シャーンティ（人間関係の対立が生まれませんように）
シャーンティ（世界との対立が生まれませんように）

両手を合わせて、心を込めてマントラを唱えます。
自分の心が平安を保てますように。
人間関係や世界との間に対立を生み出しませんように。

大塚 和彦（おおつか かずひこ）

1970年埼玉県出身。國學院大學文学部を卒業後、経営コンサルティング会社で社会人としてのスタートを切る。その後、バックパッカーへと転身し世界各地を回る。2001年、有限会社ヴィジョナリー・カンパニー（現、株式会社）を創業。日本では数少ない「オラクルカード・タロットカードの専門会社」として出版、卸売、国外への輸出入、ライセンスビジネスなど幅広い業務を展開する。日本神話の神々をカードとして表現した『日本の神様カード』や、インド哲学をテーマにした『バガヴァッド・ギーターカード』など、「古来からの叡智」を現代風に表現したカードを数々と発表。これまでに80作を超えるカードの企画・制作を手がける。現在は、会社代表者として経営実務を行うかたわら、インド哲学、日本神話、オラクルカードなどのテーマで講座を行っている。著書に『神様と仲よくなれる！日本の神様図鑑』（新星出版社）、『いちばんていねいでいちばん易しいインド哲学超入門「バガヴァッド・ギーター」』（ガイアブックス）、『はじめてでもよくわかる！「占いカード」制作マニュアル』（説話社）、共著に『いちばんていねいなオラクルカード』（日本文芸社）など多数。

インド哲学式　悩まない習慣

2024年 6 月15日　初版発行

著　者　大塚和彦
発行者　富永靖弘
印刷所　株式会社新藤慶昌堂

発行所　東京都台東区台東2丁目24　株式会社　新星出版社
〒110-0016　☎03(3831)0743

ISBN978-4-405-09454-3